仁川学院小学校

合格問題集

- 過去頻出の問題と類題で傾向を完全把握!
- プリント形式の実践タイプ!
- 問題の評価ポイントや学習のコツ、注意すべき点など詳しく解説!!

計40問
収録

●資料提供●
くま教育センター

日本学習図書 ニチガク

ISBN978-4-7761-5331-3
C6037 ¥2300E
9784776153313

定価　本体2,300円＋税
1926037023005

仁川学院小学校への進学を目指す皆様へ

仁川学院小学校は、創立65年の歴史があり、阪神間で唯一のカトリック系男女共学校として、幼稚園と中・高等学校を併設しております。本校の建学の精神『PAX et BONUM』は、偉大な聖人アシジの聖フランシスコと聖コルベ神父の精神を今に伝えるラテン語です。この言葉は『和と善』と訳され、自ら他者にかかわる、『平和』の精神と神から与えられた『善いもの』を生かし尽くす生き方を表現しています。

私たちは、すべての人が神様から生まれながらに善いものを与えられていると考えています。聖書にもある『力・愛・思慮分別』の３つの才能こそが、その善いものなのです。仁川学院では、それらの才能を引き出し、自ら伸ばし続けられる素地を育て、建学の精神に生きる人格を育みたいと考えています。

とりわけ、「力」を引き出す理数教育、「愛」に気付く心の教育、「思慮分別」つまり論理的思考力の育成は、本校の特徴です。身のまわりの物事を教材に学ぶ算数、計135回もの実験を通じて生きた知識を得る理科。宗教を通じて自分の価値と向き合う心の教育。そして、1年生からの宿泊学習やキャリア教育「未来予想図」、国際理解教育、ICT活用教育など、独自の取り組みによって具現化されています。

21世紀の変化に富んだ社会を生きていくためには、論理的かつ柔軟に物事を考える力と豊かな人間らしさが必要です。本校では、特徴的な取り組みのみならず、さまざまな学習において本物に触れることや実際にやってみること、そして考えることを重視しています。こうした取り組みを通して、得た知識や知恵を活用できる確かな思考力を育み、未来のよりよい社会のために尽くす国際人を育成していきます。

本書を活用していただき、学ぶ楽しみを感じ、考える習慣をつけて、仁川学院小学校でともに過ごせる日が来ることを祈っています。

仁川学院小学校
入試広報部長　前川和裕

ニチガク式学習支援!!　　日本学習図書（ニチガク）

ニチガクの家庭学習支援

Web学習サポートサービス

こんなこと…ありませんか？

「ニチガクの問題集…買ったはいいけど、、、
この問題の教え方がわからない（汗）」

メールでお悩み解決します！

- ☆ ホームページ内の専用フォームで必要事項を入力！
- ☆ 教え方に困っているニチガクの問題を教えてください！
- ☆ 確認終了後、具体的な指導方法をメールでご返信！
- ☆ 全国どこでも！スマホでも！ぜひご活用ください！

<質問回答例>

学習のポイント

推理分野の学習では、後の学習に活きる思考力を養うことができます。ご家庭で指導する場合にも、テクニックにたよらず、保護者の方が先に基本的な考え方を理解した上で、お子さまによく考えさせることを大切にして指導してください。

Q.「お子さまによく考えさせることを大切にして指導してください」と学習のポイントにありますが、考える習慣をつけさせるためには、具体的にどのようにしたらいいですか？

A. お子さまが考える時間を持てるように、質問の仕方と、タイミングに工夫をしてみてください。
たとえば、「答えはあっているけど、どうやってその答えを見つけたの」「答えは○○なんだけど、どうしてだと思う？」という感じです。はじめのうちは、「必ず 30 秒考えてから手を動かす」などのルールを決める方法もおすすめです。

まずは、ホームページへアクセスしてください!!

http://www.nichigaku.jp　日本学習図書　検索

目指せ！合格！

家庭学習ガイド
仁川学院小学校

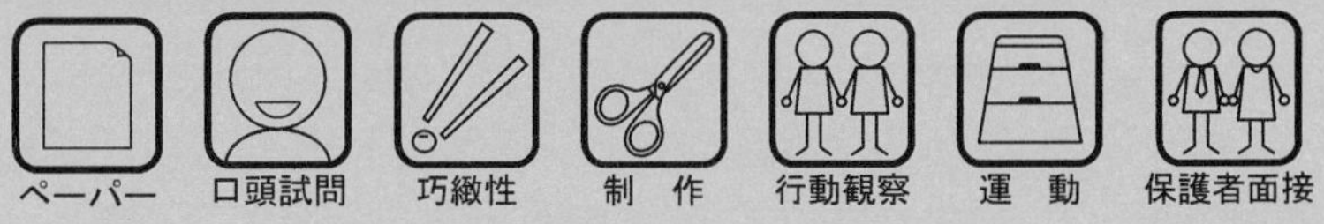

入試情報

出題形態：ペーパー、ノンペーパー
面　　接：保護者面接
出題領域：ペーパー（図形、お話の記憶、常識、言語、推理、数量）、
口頭試問、生活巧緻性、制作、行動観察、運動

入試対策

幅広い分野の学習と日常生活における生活体験を積み重ねていってください。ペーパーも上記の通り、多分野から出題されます。ノンペーパーも幅広く出題されているので、やるべきことは多いですが、極端に難しい問題が出されることはないので、基礎学習を徹底することを心がけましょう

●ペーパーは、標準的な難しさの問題が幅広く出題されます。もし、苦手分野がある場合には、具体物を使うなどして、基礎的なところから学び直すようにしてください。

●言語で、英単語を聞く課題があります。こういう問題が出るということがわかっていれば、さほど難しくはないので、お子さまに慣れさせておくようにしましょう。

●個別テストでは、ランドセルの中身やロッカーを片付けるなど、入学後を想定した課題が出題されています。お子さまが自分で片付けができるように早めに取り組んでください。

必要とされる力 ベスト６

チャートで早わかり！

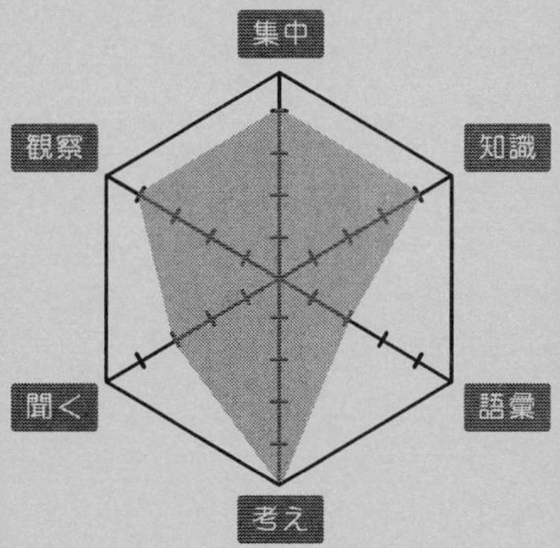

特に求められた力を集計し、左図にまとめました。
下図は各アイコンの説明です。

アイコンの説明	
集中	集　中　力…他のことに惑わされず１つのことに注意を向けて取り組む力
観察	観　察　力…２つのものの違いや詳細な部分に気付く力
聞く	聞　く　力…複雑な指示や長いお話を理解する力
考え	考える力…「～だから～だ」という思考ができる力
話す	話　す　力…自分の意志を伝え、人の意図を理解する力
語彙	語　彙　力…年齢相応の言葉を知っている力
創造	創　造　力…表現する力
公衆	公衆道徳…公衆場面におけるマナー、生活知識
知識	知　　　識…動植物、季節、一般常識の知識
協調	協　調　性…集団行動の中で、積極的かつ他人を思いやって行動する力

※各「力」の詳しい学習方法などは、ホームページに掲載してありますのでご覧ください。http://www.nichigaku.jp

「仁川学院小学校」について

〈合格のためのアドバイス〉

　ペーパーは、幅広い分野からの出題となっているので、基礎を徹底し、問題の理解を深めておきましょう。出題は、年度によって大きく変化することはなく、年齢なりの生活体験を通して身に付けた「考える力」を観る内容となっています。つまり、受験のために得た知識を観るのではなく、入学してから必要とされる「創造する力を育む教育」に必要な応用力、思考力といった成長の土台となる部分を観ていると言えるでしょう。

　ペーパーの出題分野の中では、推理問題がやや多く、これも「考える力」を観るためと考えられます。推理に関しては、単に正解するだけではなく、その過程をお子さまに説明させるなど、しっかり理解していることを確認した上で、日々の学習を進めてください。また、学習の際には、保護者の方は正解不正解だけで評価するのではなく、試行錯誤をするお子さまを見守る姿勢でいるようにしてください。失敗を恐れるあまり萎縮してしまうようになっては、試験の他分野にも影響を与えてしまいます。

　行動観察、運動、制作などのノンペーパーは、どんな課題をするかではなく、何を観られているかを意識することが大切です。それらに必要な力は、多くの場合、生活の中で身に付けることができるので、そうした機会を積極的に作っていくようにしましょう。

　ただし、これらはグループで行うことが多いので、集団への順応性も重要なポイントになります。つまり、観られているのは、入学後の集団行動に必要な協調性、積極性ということです。その部分がしっかり理解できていれば、あまり細かなことを気にしなくてもよいでしょう。できるだけ、生活体験を通じて、多くことを学んでいくようにしてください。

〈選考内容〉

◆保護者面接
◆ペーパー
◆口頭試問（志願者面接）
◆行動観察
◆制作
◆運動

入試のチェックポイント
◇受験番号は…「願書受付順」
◇生まれ月の考慮…「あり」

〈本書掲載分以外の過去問題〉

◆常識：危ないので近づかない方がよい虫を選ぶ。
◆言語：「はらう」に合う絵を選ぶ。
◆推理：男の子が1番近道してイヌに会いに行く道を矢印の数で表す。
◆図形：パズルのパーツを2つ動かした時にできない形を選ぶ。
◆常識：幼稚園の朝の様子の絵を見て、よいことをしている子どもを選ぶ。
◆常識：最後にお別れをして悲しくなるお話を選ぶ。
◆言語：同じ音が2回使われているものを選ぶ。
◆推理：２人用と３人用の滑り台で、先生が合図するごとに滑り降りた時、１番早く滑り終える列を選ぶ。

(得) 先輩ママたちの声！

◆実際に受験をされた方からのアドバイスです。
ぜひ参考にしてください。

仁川学院小学校

・出題分野が幅広いので、問題量をこなし、基礎力を固めていくことをおすすめします。

・口頭試問（志願者面接）では、戸惑うことなく元気に答えることができていたようです。

・個別テストでは、スモックの着脱、たたみ方、片付けなどの課題が出題されます。日常的に１人でやらせていたことがよかったと思いました。

・運動では、かけっこ、模倣体操、マット運動、なわとびが出題されました。出るかもしれないと思い、体力がつくように身体を使った遊びをたくさんしたので、子どもも楽しく取り組めたようです。

・英語の問題は、慣れていないと難しいので、学習の合間に英語を聞かせ、耳に慣れさせるようにしました。

・間違い探しの問題は、学習としてではなく遊びの一環として取り組むようにしました。継続してやっていくことで、うまくコツをつかんだようで、試験の時も、「よくできた」と喜んでいました。

仁川学院小学校

合格問題集

〈はじめに〉

現在、少子化が叫ばれているにもかかわらず、私立・国立小学校の入学試験には一定の応募者があります。入試は、ただやみくもに学習するだけでは成果を得ることはできません。志望校の過去における出題傾向を研究・把握した上で、練習を進めていくこと、その上で試験までに志願者の不得意分野を克服していくことが必須条件です。そこで、本問題集は小学校を受験される方々に、志望校の出題傾向をより詳しく知って頂くために、過去に出題された問題、及び類似の問題を結集いたしました。最新のデータを含む精選された過去・対策問題集で実力をお付けください。

また、志望校の選択には弊社発行の**「近畿圏・愛知県　国立・私立小学校進学のてびき」**をぜひ参考になさってください。

〈本書ご使用方法〉

◆出題者は出題前に一度問題を通読し、出題内容などを把握した上で、**〈 準 備 〉**の欄に表記してあるものを用意してから始めてください。

◆お子さまに絵の頁を渡し、出題者が問題文を読む形式で出題してください。問題を読んだ後で、絵の頁を渡す問題もありますのでご注意ください。

◆**「分野」**は、問題の分野を表しています。弊社の問題集の分野に対応していますので、復習の際の目安にお役立てください。

◆問題番号右端のアイコンは、各問題に必要な力を表しています。詳しくは、アドバイス頁（ピンク色の１枚目下部）をご覧ください。

◆一部の描画や工作、常識等の問題については、解答が省略されているものがあります。お子さまの答えが成り立つか、出題者が各自でご判断ください。

◆**〈 時 間 〉**につきましては、目安とお考えください。

◆**学習のポイント**は、長年にわたり小学校受験分析を行ってきた弊社編集部によるアドバイスです。その問題を出すことで学校側が子どものどのような点を観ているか、その問題の対策としてどのような学習が効果的か等、詳しく記してありますので、指導の際のご参考にしてください。

◆**【おすすめ問題集】**は各問題の基礎力養成や実力アップにご使用ください。

〈本書ご使用にあたっての注意点〉

◆文中に**この問題の絵は縦に使用してください。**と記載してある問題の絵は縦にしてお使いください。

◆**〈 準 備 〉**の欄で、クレヨンと表記してある場合は12色程度のものを、画用紙と表記してある場合は白い画用紙をご用意ください。

◆文中に**この問題の絵はありません。**と記載してある問題には絵の頁がありませんので、ご注意ください。なお、問題の絵の右上にある番号が連番でなくても、中央下の頁番号が連番の場合は落丁ではありません。

下記一覧表の●が付いている問題は絵がありません。

問題１	問題２	問題３	問題４	問題５	問題６	問題７	問題８	問題９	問題10
問題11	問題12	問題13	問題14	問題15	問題16	問題17	問題18	問題19	問題20
●	●		●	●					
問題21	問題22	問題23	問題24	問題25	問題26	問題27	問題28	問題29	問題30
問題31	問題32	問題33	問題34	問題35	問題36	問題37	問題38	問題39	問題40

◎学習効果を上げるため、前掲の「家庭学習ガイド」及び「合格のためのアドバイス」をお読みになり、各校が実施する入試の出題傾向を、よく把握した上で問題に取り組んでください。
※冒頭の「本書ご使用方法」「本書ご使用にあたっての注意点」も併せてご覧ください。

問題1　分野：図形（欠所補完）

観察　集中

〈準備〉　鉛筆

〈問題〉　**この問題の絵は縦に使用してください。**
２つの絵を比べてみると、下の絵はどこか足りないところがあります。どこが足りないかをよく見て、足りないところを上の絵と同じになるように描き足してください。

〈時間〉　３分

〈解答〉　下図参照

学習のポイント

例年出題されている問題なので、必ず対策をとっておきましょう。便宜的に、分野を図形（欠所補完）としていますが、いわゆる「間違い探し」です。某イタリアンファミリーレストランで、見かけたことがあるかもしれません。ただし、本問は線だけで描かれている白黒の絵なので違いを見つけにくく、カラーの絵よりも難しさがアップします。小学校受験でここまでしっかりした間違い探しはあまりないので、類題をこなしたい場合には、小学校受験用の問題集よりも、知育系のドリルなどを探すとよいでしょう。お子さまにとっては、楽しみながらできる問題でもあるので、学習としてというよりも、学習の前や気分転換として継続的に取り組んでいくことをおすすめします。

【おすすめ問題集】
Ｊｒ・ウォッチャー４「同図形探し」、59「欠所補完」

問題2　分野：お話の記憶

聞く　集中

〈準備〉　鉛筆

〈問題〉　これからするお話をよく聞いて、後の質問に答えてください。

ライオンくんの家族みんなでキャンプに行くことになりました。ライオンくんの家族は、お父さん、お母さん、お兄ちゃん、妹の５人家族です。行き先は、リンゴの形をした無人島です。
リンゴ島に行くためには船に乗らなければいけません。その船の前と後ろには、星のマークがついており、ライオンくんはかっこいいと思いました。
船に乗って無人島に向かったのですが、波が大きく、ライオンくんの妹は少し気持ち悪くなってしまいました。無人島に着く頃には、波も小さくなり妹も元気になっていました。
無人島に着いて、まずはじめにしなければならないことは、食事の材料を探すことです。お母さんと妹は、食べられるものがないか島の中を探しに行きました。お父さんとお兄ちゃんとライオンくんは魚を釣ることにしました。しばらくすると、お母さんと妹が、バナナ３本と貝を５個とって戻ってきましたが、妹は貝が苦手なので、貝はお母さんがとりました。魚釣りをしていた３人もそれぞれ魚を釣ることができました。お父さんとお兄ちゃんは２匹ずつ、ライオンくんは１匹でした。お父さんは魚だけではなく、タコも捕まえました。
みんながとってきた材料を使って食事の準備をしている間、ライオンくんは、森に虫捕りに出かけることにしました。カブトムシ、クワガタ、セミ、テントウムシを見つけましたが、捕まえることができたのはカブトムシだけでした。ですが、ライオンくんはカブトムシが１番好きなので大喜びです。
晩ごはんは、焼き魚、貝のスープ、タコ焼きでした。みんな喜んで食べていましたが、妹はタコ焼きばかり食べていました。
食事の後は、花火をして遊びましました。星空がきれいな夜でした。

（問題２－１の絵を渡す）
①ライオンくんの家族はどんな形の島に行ったでしょうか。選んで○をつけてください。
②ライオンくんは何人家族でしょうか。その数だけ○を書いてください。
③船に描いてあったマークはどれでしょうか。選んで○をつけてください。
④お母さんと妹がとってきたものはどれでしょうか。選んで○をつけてください。
（問題２－２の絵を渡す）
⑤ライオンくんとお父さんとお兄ちゃんは、魚を何匹釣ったでしょうか。その数だけ○を書いてください。
⑥ライオンくんが捕まえた虫はどれでしょうか。選んで○をつけてください。
⑦ライオンくんの妹がたくさん食べたものはどれでしょうか。選んで○をつけてください。
⑧食事の後、ライオンくんたちがしたことは何でしょうか。選んで○をつけてください。

〈時間〉　各10秒

〈解答〉　①右端（リンゴ）　②○：５　③左端（星）　④左端（貝）、右端（バナナ）
⑤○：５　⑥右端（カブトムシ）　⑦右から２番目（タコ焼き）
⑧左端（花火）

学習のポイント

お話の長さに比べて、問題数の多い出題の場合、どうしてもお話に「情報」が多くなります。そのため、「聞く」ことの重要性が増すと同時に、頭の中で整理しながら聞くことが求められます。コツとしては、お話を自分の体験として絵日記に描く感覚で聞けるようになるとよいでしょう。場面ごとに絵を描くようにイメージできれば、情報が記憶に残りやすくなります。こうした経験は、お話の記憶や読み聞かせだけでなく、日常の中にもあります。例えば、「今日、幼稚園（保育園）でどんなことをした？」とお子さまに問いかけてみれば、お子さまは何をしたか思い出そうとします。そして、何をしたのかを頭に描き、それを言葉にします。この作業は、お話の記憶で行う作業に非常に近いものです。ふだんの生活の中にも学びの種はたくさんあります。積極的に取り入れていくようにしましょう。

【おすすめ問題集】

１話５分の読み聞かせお話集①・②、お話の記憶問題集 初級編・中級編、
Ｊｒ・ウォッチャー19「お話の記憶」

問題３　分野：常識（理科）

知識

〈準 備〉 鉛筆

〈問 題〉 ①チューリップの葉はどれでしょうか。選んで○をつけてください。
②海にいる生きものはどれでしょうか。２つ選んで○をつけてください。

〈時 間〉 各20秒

〈解 答〉 ①左から２番目　②左端（イソギンチャク）、真ん中（イルカ）

学習のポイント

こうした理科常識は、基本的には知っていないと正解することはできません。そのため、対策としては覚えることしかないのですが、やみくもに覚えたところで身に付くものでもありません。理想を言えば、実際に見に行くことが最高の学習になるのですが、現実的にはそうもいかないことが多いでしょう。保護者の方の工夫で、日常的に目にする環境を作ってあげてください。植物であれば、花を部屋に飾るということも１つの方法です。「つぼみができ」「花が咲き」「花がしおれ」「花が枯れる」という流れを見たことがないお子さまも多いのではないでしょうか。家に花があれば、じっくり観察することもできます。こうしたことをきっかけに、植物に興味がわいてくるかもしれません。そうした時に、図鑑などで知識を得ることで、さらに興味の幅や深さがでてきます。保護者の方は、そうしたきっかけを作ってあげるようにしてください。

【おすすめ問題集】

Ｊｒ・ウォッチャー27「理科」、55「理科②」

問題4　分野：常識（日常生活）

公衆　協調

〈準備〉　鉛筆

〈問題〉　①お友だちの大切なものを壊してしまった時に、お友だちはどんな顔になるでしょうか。上の段の男の子の顔から選んでください。答えは1つとは限りません。
②お友だちがテストでよい点を取った時に、あなたはどんな顔をするでしょうか。下の段の女の子の顔から選んでください。答えは1つとは限りません。

〈時間〉　40秒

〈解答〉　省略

学習のポイント

情緒を観点とした問題においては、実際にそうした経験をしていないと、正解することが難しいかもしれません。そもそも、当事者の表情（気持ち）を聞いているので、正解不正解が存在するものではありません。ただ、常識を持っているかどうかが観られるということです。小学校受験では、ペーパー学習だけでなく、生活体験が重視されます。簡単に言えば、年齢相応の経験を積んでいることが求められるのです。もし、①で、「怒る」「何も思わない」「笑う」という選択肢を選んだとしたら、相当なマイナス評価になるでしょう。それは、相手の気持ち（立場）になって考えることができていないということになるからです。自分勝手な行動は、学校が1番嫌がることです。単なる常識問題の1問かもしれませんが、意外に重みのある問題と言えるのかもしれません。

【おすすめ問題集】
Ｊｒ・ウォッチャー12「日常生活」、56「マナーとルール」

問題5　分野：言語（しりとり）

語彙　知識

〈準備〉　鉛筆

〈問題〉　絵をすべて使ってしりとりをします。右下の四角の中の絵でしりとりが終わるようにするためには、どの絵から始めればよいでしょうか。選んで○をつけてください。

〈時間〉　1分

〈解答〉　スイカ（→カバ→バナナ→ナス→スズメ→メロン）

家庭学習のコツ①　「先輩ママのアドバイス」を読みましょう！

本書冒頭の「先輩ママのアドバイス」には、実際に試験を経験された方の貴重なお話が掲載されています。対策学習への取り組み方だけでなく、試験場の雰囲気や会場での過ごし方、お子さまの健康管理、家庭学習の方法など、さまざまなことがらについてのアドバイスもあります。先輩ママの体験談、アドバイスに学び、ステップアップを図りましょう！

学習のポイント

しりとりではあるのですが、終わりから逆にたどっていかなければならないので、単純なしりとりに比べると、かなり難しく感じるかもしれません。言葉の音をより強く意識する必要があるでしょう。解き方としては、尾音（言葉の最後の音）に注目して、言葉をつなげていくことになります。スタート（ゴール）が「メロン」なので「め」が言葉の最後にくる絵を探します。選択肢を見ていくと、「スズメ」があてはまります。この作業を繰り返していきます。言葉を逆さにたどっていくようなものなので、単純なしりとりのように、リズムに乗ってつなげていくことはできません。１つひとつ、尾音を意識しながら進めていきましょう。

【おすすめ問題集】

Ｊｒ・ウォッチャー17「言葉の音遊び」、49「しりとり」、
60「言葉の音（おん）」

問題6　分野：言語（英語）

知識　聞く

〈準 備〉　鉛筆

〈問 題〉　描かれている３つの絵を英語で読み上げます。左端の丸から始めて、読み上げられた順番通りに線で結んでください。では、読み上げます。「Moon、Watermelon、Pencil、Moon、Pencil」

〈時 間〉　10秒

〈解 答〉　下図参照

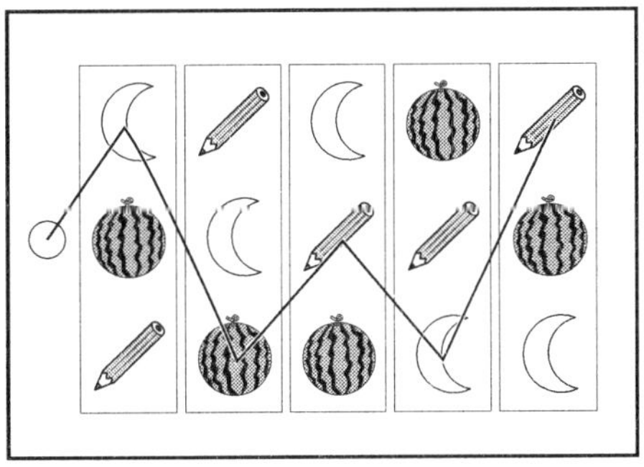

学習のポイント

もし、何の予備知識もなく本問が出題されたら、「？」となってしまうでしょう。ほかでは見たことのない、当校ならではの問題です。小学校受験で英語を使う是非はともかく、出題されるのであれば対策をとらなければいけません。Moon、Pencilは何とかわかるかもしれませんが、Watermelonはきびしいでしょう。そうした時は、消去法で考えていけばよいのです。Moon、Pencilでないものは、Watermelonとして考えます。このように、知識を問う問題で、１つだけわからないことがある場合は、消去法で考えることができます。わからないことがある場合でも、知っていることを手がかりにすることで正解できたり、選択肢を狭めたりすることができるので、すぐに投げ出すのではなく、自分の持っている知識の中で、正解にたどり着くための方法を見つけるようにしましょう。

問題7　分野：推理（オセロゲーム）

考え　観察

〈準　備〉　鉛筆

〈問　題〉　（オセロゲームのルールを簡単に説明する）
次は白の番です。白と黒のコマを同じ数にするためには、コマをどこに置けばよいでしょうか。その場所に○を書いてください。

〈時　間〉　30秒

〈解　答〉　下図参照

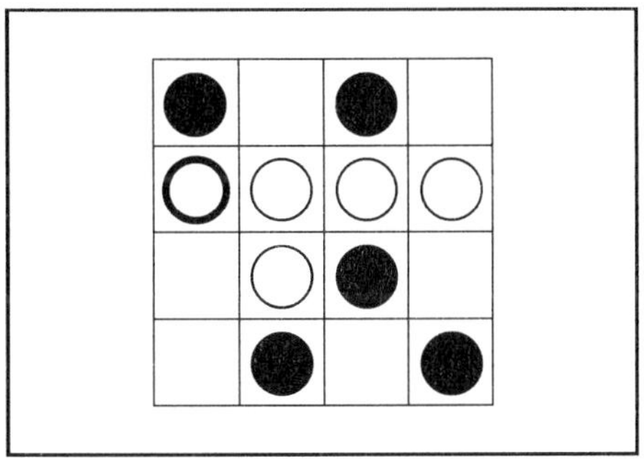

学習のポイント

オセロゲームを知っていれば、スムーズに問題に入っていけると思いますが、もし知らなければ、戸惑ってしまう問題かもしれません。現在コマが9個あって、1個置いて白黒同数にするということは、白5個黒5個になればよいということです。すでに置かれている白は2個で、新しく1個置くことで白は3個になると考えれば、黒を2個ひっくり返せる場所に白を置けば正解になることがわかります。数量の問題が得意なお子さまならば、ぱっと見た感覚で、コマの数を把握して、直感的に正解を出すこともできるでしょう。このように、論理的に考えても、感覚的に考えても正解にたどり着くことができる問題です。正解は1つかもしれませんが、正解までの過程はいくつもあるので、そうしたこともお子さまに伝えてあげると、より深い学びにつながっていくでしょう。

【おすすめ問題集】
Ｊｒ・ウォッチャー31「推理思考」

問題8　分野：常識（季節）

知識

〈準　備〉　鉛筆

〈問　題〉　①あるお約束にしたがって花が並んでいます。空欄の四角に入る花はどれでしょうか。下の四角の中から選んで○をつけてください。
②節分の次の行事には○を、節分の前の行事には△をつけてください。

〈時　間〉　各20秒

〈解　答〉　①左端（キク）
②○：左から２番目（ひなまつり）、△：右から３番目（お正月）

学習のポイント

①では、「キク＝秋」というように、機械的に暗記しているだけだと、こうした問題には対応できないことがあります。いわゆる詰め込み型の学習というものですが、小学校入学後に役立つ知識として考えた場合、ただ覚えるのではなく、四季があり、春夏秋冬という流れがあるということを含めての知識を身に付けておく必要があるのです。②でも、「節分＝冬」と覚えるだけでなく、何月の行事なのか、どういう意味があるのか、次の行事は何かというように、さまざまなものを関連付けて覚えることで、より多くのこと学ぶことができます。「覚えることが増えるので大変」と思うかもしれませんが、断片的な知識を積み重ねても、「使える知識」にはなりません。保護者の方の工夫で、学びの幅を広げていきましょう。

【おすすめ問題集】

Ｊｒ・ウォッチャー27「理科」、34「季節」、55「理科②」

問題9　分野：数量（積み木）

観察　考え

〈準備〉　鉛筆

〈問題〉　箱いっぱいに積み木を入れるためには、積み木はあと何個必要ですか。その数だけ下の四角の中に○を書いてください。

〈時間〉　１分

〈解答〉　○：９

学習のポイント

本問を解くための考え方は大きく分けて２通りあります。１つ目は、「ない積み木を数える」方法で、空いているスペースに積み木があるものとして数えます。この方法は、立体をイメージする力が求められます。２つ目は、「箱いっぱいの積み木から、今ある積み木を除く」方法で、箱いっぱいに入る積み木の数（18個）を考え、そこから今ある積み木の数（９個）を引く考え方です。こちらは、少し手間はかかりますが、数える作業が中心になります。解答時間にゆとりがあるのであれば、どちらで解いても問題ありませんが、解答時間が短ければ１つ目の解き方が有効です。また、ハウツー的な解き方になってしまいますが、２段目にある２つの積み木を左奥のスペースに入れてしまえば、３×３という形になり、数えやすくなります。また、３×３の形を２段にすると箱いっぱいになるので、自然と正解がわかります。このように、さまざまな解き方があるということを知っておくだけでも、解き方にバリエーションがでます。

【おすすめ問題集】

Ｊｒ・ウォッチャー14「数える」、16「積み木」

問題10　分野：複合（図形・推理）　考え　観察

〈準　備〉　鉛筆

〈問　題〉　4つの四角があります。この四角に線を2本足して、四角が9つになるようにしてください。

〈時　間〉　1分

〈解　答〉　下図参照

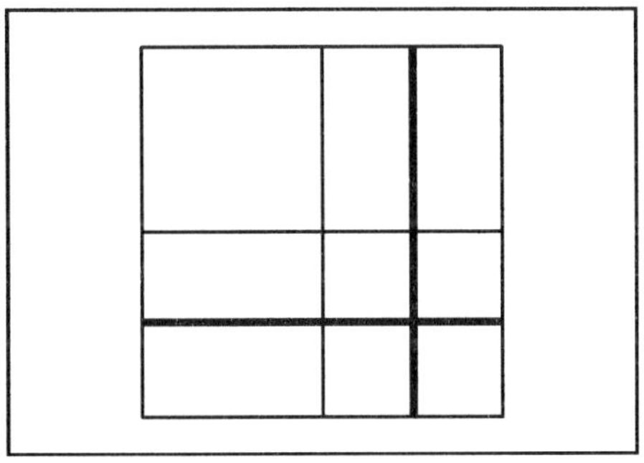

学習のポイント

本問は、理屈で考えて正解を出すことは難しいので、いろいろトライしながら答えを見つけていく方法でよいのではないかと思います。まずは、2つの四角を切るように縦に長い線を引きます。そうすると、四角は6つになります。次に、同様に横に長い線を引けば、9つの四角ができます。難しそうに見える問題でも、このように手を動かして考えることで、意外と簡単にできることもあります。じっくり考えることも大切ですが、線を1本引いてみることで、正解への手がかりが見えてきたりするのです。時には、こうした解き方が有効になります。「この問題はこうやって解く」というように、考え方を狭めるのではなく、柔軟な思考力を育てていただきたいと思います。

【おすすめ問題集】

Ｊｒ・ウォッチャー31「推理思考」、45「図形分割」

家庭学習のコツ②　「家庭学習ガイド」はママの味方！

問題演習を始める前に、試験の概要をまとめた「家庭学習ガイド（本書カラーページに掲載）」を読みましょう。「家庭学習ガイド」には、応募者数や試験科目の詳細のほか、学習を進める上で重要な情報が掲載されています。それらの情報で入試の傾向をつかみ、学習の方針を立ててから、対策学習を始めてください。

問題11　分野：面接（保護者）／口頭試問（志願者）

聞く　話す

〈準備〉　なし

〈問題〉　**この問題の絵はありません。**

【保護者】
・ご家庭の教育方針を教えてください。
・お子さまの長所と短所を教えてください。
・どのような時にお子さまの成長を感じられましたか。
・本校に対してどのようなことを期待されていますか。

【志願者】
・お名前を教えてください。
・通っている幼稚園（保育園）の名前を教えてください。
・仲良しのお友だちの名前を教えてください。
・好きな遊びを教えてください。

〈時間〉　適宜

〈解答〉　省略

学習のポイント

考査日前に保護者面接、考査日に口頭試問（志願者面接）という形で、それぞれ別々に行われています。特に注意すべき点はありません。保護者面接は、私立小学校で一般的に行われる面接内容ですし、志願者の口頭試問でも、答えに詰まるような質問や深く掘り下げるような質問はありません。聞かれたことに対して素直に答えることができれば充分です。ただ、そうした当たり前のコミュニケーションがとれないお子さま（保護者も？）が増えてきていることも事実です。それとは反対に、幼児教室などでしっかりトレーニングされたお子さまも多く、面接（口頭試問）においては、２極化の傾向が見えます。「普通」のコミュニケーションがとれれば問題ないので、保護者の方はあまり神経質にならず、日常の会話の中で受け答えができるようにしていけばよいのではないでしょうか。保護者の方自身も、アピールしようとがんばりすぎずに、落ち着いて面接に臨みましょう。

【おすすめ問題集】
新小学校受験の入試面接Ｑ＆Ａ、入試面接最強マニュアル、面接テスト問題集、
新口頭試問・個別テスト問題集

問題12　分野：個別テスト（生活巧緻性）

聞く　公衆

〈準備〉　なし（家にあるもので代用してください）

〈問題〉　**この問題の絵はありません。**

①先生のお話を聞いてください（約１分30秒。正しい姿勢で集中して聞く）。
②ランドセルの中の本と筆箱をきちんと片付けてください（指定された場所に置く）。
③ランドセルに残っているものを出して、ランドセルをしまってください。
④ロッカーを片付けてください。

〈時間〉　適宜

〈解答〉　省略

学習のポイント

まさに、入学後のシミュレーションです。こうしたことが１人でできなければ、授業どころではありません。本問は、「自分のことは自分でできるようにしておいてください」という学校からのメッセージです。「やらされているのか」「自発的にやっているのか」は、先生にはすぐにわかります。入学試験の前に、付け焼き刃で教え込んだとしてもバレてしまうので、時間をかけて身に付けさせるようにしましょう。また、指示通りに行動することも大切なポイントです。学校にはルールがあるので、そうした決まりを守れるかどうかも観られています。そうしたことができた上で、自分で考えて行動することが求められるのです。

【おすすめ問題集】
新口頭試問・個別テスト問題集、新ノンペーパーテスト問題集
Ｊｒ・ウォッチャー25「生活巧緻性」

問題13　分野：制作

聞く　集中

〈準 備〉　（あらかじめ問題13-２の絵を切り取っておく）
クレヨン（12色程度）、のり

〈問 題〉　①スモックを着てください。
（問題13-１と切り取った問題13-２を渡す）
②青のクレヨンで、お城の扉と旗を塗ってください。
③好きな色のクレヨンで点線をなぞって、お城を完成させてください。
④好きな色のクレヨンで塗って、花火を完成させてください。
⑤馬車の絵を、お城の左にのりで貼ってください。
⑥後片付けをしてください。

※試験ではモニターを使って出題。

〈時 間〉　適宜

〈解 答〉　省略

学習のポイント

例年、同内容の課題が行われています。作業としては、「塗る」「なぞる」「貼る」というものなので、特別な対策が必要なものではありません。観られているのは、制作物の出来ではなく、指示がしっかり守られているかどうかというところでしょう。スモックの着脱や後片付けもしっかり観られています。自分で使ったものをたたんだり、片付けたりできるかどうかも大きなポイントです。そういう意味では、本課題は制作という形をとった行動観察と言えるでしょう。制作というと、作るものやその出来映えを気にしがちですが、「指示を理解しているか」「ていねいに作業ができるか」「後片付けができているか」といったことの方が重要だということを覚えておいてください。

【おすすめ問題集】
実践 ゆびさきトレーニング①・②・③、
Ｊｒ・ウォッチャー23「切る・貼る・塗る」

問題14　分野：行動観察（集団ゲーム）

協調　聞く

〈準備〉　積み木

〈問題〉　この問題の絵はありません。

①ジャンケンゲーム
　先生とジャンケン大会をしながら、お約束を守ってみんなで楽しく遊ぶ。
②積み木遊び
　３つのグループに分かれて、積み木で大きな家を作る。
　※誰とグループになるのか、どんな家を作るのかは自分たちで決める。

〈時間〉　適宜

〈解答〉　省略

学習のポイント

こうした集団ゲームや自由遊びなどの行動観察では、協調性が大きな観点になっています。集団の中でのどのような行動をするのかということが、行動観察の１つのポイントです。こうした場では、お子さまの素が出やすいので、言い換えれば、保護者の方の躾が観られることになります。実際の試験では、さまざまな項目で行動がチェックされるのですが、そうした項目をいちいち気にしてしては、何もできなくなってしまいます。ですが、「協調性」だけは行動の指針として頭に入れておきましょう。「自己中心的になっていないか」「周りに迷惑をかけていないか」といったことを、保護者の方がしっかり確認してください。そうしたことをお子さまが自分で判断することは難しいので、そうした行動をしている時には、保護者の方が指摘することも大切です。

【おすすめ問題集】
　Ｊｒ・ウォッチャー29「行動観察」

問題15　分野：運動

聞く　集中

〈準備〉　なし

〈問題〉　この問題の絵はありません。

①30m走（15mの往復）
②徒手体操（腕回し、首回し、背伸び、ジャンプ、手足を開いてジャンプ、体側、前後屈、膝の屈伸、アキレス腱伸ばしなど）
③片手支持（片手で身体全体を支える）
④なわとび（「やめ」と言われるまで）

〈時間〉　適宜

〈解答〉　省略

学習のポイント

制作でも同様の話をしましたが、運動もどれだけ上手くできたかということが１番のポイントになるわけではありません。「指示を理解して行動する」「一生懸命取り組む」「最後まであきらめない」といった行動や姿勢が評価されます。もちろん、課題を完璧にこなすことができれば評価は高くなるでしょうが、それでも、待っている時や課題に取り組む態度が悪ければマイナスの評価の方が勝ってしまうでしょう。ノンペーパーテスト全般に言えることですが、観られているのは、表面的なことではなく中身だということです。付け焼き刃の対策が通用しにくい課題なので、ある意味ペーパーよりも対策に時間がかかります。ふだんの生活の中で、少しずつ取り組んでいくようにしてください。

【おすすめ問題集】
新運動テスト問題集、Ｊｒ・ウォッチャー28「運動」

問題16　分野：図形（欠所補完）

観察　集中

〈準　備〉　鉛筆

〈問　題〉　**この問題の絵は縦に使用してください。**
２つの絵を比べてみると、下の絵はどこか足りないところがあります。どこが足りないかをよく見て、足りないところを上の絵と同じになるように描き足してください。

〈時　間〉　３分

〈解　答〉　下図参照

学習のポイント

本問に必要とされるのは、「観察力」と「集中力」です。また、解答時間が長いので、集中を続ける粘り強さも必要になります。足りない部分がいくつかという、解答数が提示されていないので、ひと通り見終わったとしても、答えがそれで全部かどうかはわかりません。解答時間いっぱいまで、間違いを探すことを心がけてください。また、こうした問題に慣れてくると、「ここにありそう」という先入観を持ってしまいがちです。たしかに、慣れによって答えを見つけられることもあるかもしれませんが、そこに固執しすぎてそれ以外の答えを見つけられないということにもなります。慣れることは大切ですが、できるだけ先入観を持たずに問題に取り組んでいくようにしましょう。

【おすすめ問題集】
Ｊｒ・ウォッチャー４「同図形探し」、59「欠所補完」

問題17 分野：お話の記憶

聞く 集中

〈準備〉 鉛筆

〈問題〉 これからするお話をよく聞いて、後の質問に答えてください。

今日はみんなが楽しみにしている秋祭りの日です。ゾウさんはお友だちを家まで迎えにいって、みんなでお祭りに行きます。最初はキリンさんの家に行き、次はウサギさんで、最後はパンダくんです。
お祭りをしている公園の入口には、太鼓が描かれた大きな看板が立っていました。
公園の中はたくさんの人がいて、お店もいっぱいありました。ゾウさんは、どの店に行こうか悩んでいるうちに、ほかのみんなとはぐれてしまいました。どうしようかと考えましたが、またすぐに会えると思い、１人で遊ぶことにしました。はじめにスーパーボールすくいをして、スーパーボールを４個取りました。次は綿あめを買い、その次は射的をしました。少しおなかが空いてきたゾウさんは、タコ焼きとフランクフルトを食べました。
そうしているうちに、みんながゾウさんを探しに来ました。「せっかくみんなで来たのに１人で遊んでちゃダメだよ。探してたんだよ」とパンダくんに言われ、ゾウさんは反省しました。
「この後、ダンス大会があるんだからね」と、ウサギさんが言うと、すっかりダンス大会のことを忘れていたゾウさんは、急にそわそわし始めました。「どうしよう大丈夫かな」とゾウさんが言うので、「たくさん練習したからできるよ」と、キリンさんが励ましてくれました。
みんなでたくさん練習したので、ゾウさんのチームはダンス大会で優勝することができました。みんで優勝を喜んでいると、お祭りの最後に大きな花火が上がりました。星型、リンゴ型、チョウチョ型と、次々にきれいな花火が打ち上げられます。「優勝をお祝いしてくれているみたいだね」と、ゾウさんが言うと、みんなニッコリ笑顔になりました。

（問題17-１の絵を渡す）
①ゾウさんがお友だちを迎えにいった順番で正しいものはどれでしょうか。選んで下の四角に○を書いてください。
②入口の看板に描かれたいたものは何でしょうか。選んで○をつけてください。
③みんなとはぐれてしまったのは誰でしょうか。選んで○をつけてください。
④ゾウさんは、スーパーボールを何個取ったでしょうか。その数だけ○を書いてください。
（問題17-２の絵を渡す）
⑤おなかが空いてきたゾウさんが食べたものはどれでしょうか。選んで○をつけてください。
⑥「たくさん練習したからできるよ」と、ゾウさんを励ましたのは誰ですか。選んで○をつけてください。
⑦花火はどんな順番で打ち上がりましたか。選んで下の四角に○を書いてください。
⑧最後にみんなはどんな顔をしていましたか。選んで○をつけてください。

〈時間〉 各10秒

〈解答〉 ①左端　②左から２番目（太鼓）　③右から２番目（ゾウ）　④○：４
⑤左から２番目（タコ焼）、右端（フランクフルト）
⑥左から２番目（キリン）　⑦左から２番目　⑧右から２番目（笑顔）

学習のポイント

お話の記憶というと、記憶力の有無が重要になると思われがちですが、記憶するということ以前に、お話をイメージできるかどうかがカギになります。どんなに記憶力がよくても、この量のお話を丸暗記できる人はいません（ごくまれにいますが）。そのため、効率よく覚えるための方法として、イメージすることが必要になるのです。イメージとは何かと言うと、お話を「絵」として頭に描くことです。こうした作業は、保護者の方よりお子さまの方が得意なことが多いので、具体的な方法を教えるというよりは、読み聞かせを通じて、お話をイメージする機会を増やすことを心がけるようにしてください。そうした作業は、話を聞く時には自然と行っていることです。それをお子さまに「意識」させながら、よりイメージを膨らませやすい読み聞かせを工夫してみましょう。

【おすすめ問題集】
　１話５分の読み聞かせお話集①・②、お話の記憶問題集 初級編・中級編、
　Ｊｒ・ウォッチャー19「お話の記憶」

問題18　分野：常識（日常生活、季節）　知識

〈準備〉　鉛筆

〈問題〉　①正しい傘の使い方をしているのはどれでしょうか。選んで○をつけてください。
②７月の行事はどれでしょうか。選んで○をつけてください。

〈時間〉　各20秒

〈解答〉　①左端　②左から２番目（七夕）

学習のポイント

①を間違えることはさすがにないと思うので解説は省略します。②は、季節の問題なのですが、春夏秋冬という区分でではなく、○月の行事というように、具体的な月で問われる問題が増えてきています。春夏秋冬では、温暖化による影響や、住んでいる地方によっては、実感がともなわなくなってきているということがあるのかもしれません。今後は、植物や食べものの季節の問題に影響が出てくることも考えられます。もともと、小学校受験では一昔前の道具や風習などが取り上げられることが多いので、そうしたテーマも少しずつ新しいものに変化していくのではないでしょうか。そういう意味でも、季節と行事を組み合わせて暗記するだけでなく、関連した知識も同時に覚えていくことが、そうした変化にも対応できる対策になります。

【おすすめ問題集】
　Ｊｒ・ウォッチャー12「日常生活」、34「季節」

問題19　分野：常識（理科）

知識

〈準備〉　鉛筆

〈問題〉　①タンポポの葉はどれでしょうか。選んで○をつけてください。
②主に草を食べる動物はどれでしょうか。選んで○をつけてください。

〈時間〉　各20秒

〈解答〉　①左から2番目　②真ん中（シマウマ）、右端（ヤギ）

学習のポイント

当校ではおなじみの、植物の葉を見分ける問題です。植物の名前や季節は自然に得やすい知識かもしれませんが、葉は意識しなければ知ることのできない知識と言えるでしょう。もし、保護者の方もわからないようなら、いっしょに学ぶことをおすすめします。知らないということは、恥ずかしいことではありません。実際に植物を見に行くのもよいでしょう。保護者の方といっしょに学ぶことで、お子さまにもやる気が出ます。お互いに問題を出し合ったりすることで、コミュニケーションにもなりますし、お子さまにとっては問題を考えることは、深い理解にもつながります。問題集だけの知識に偏らず、幅広く知識を得るようにしていきましょう。

【おすすめ問題集】
Ｊｒ・ウォッチャー27「理科」、55「理科②」

問題20　分野：言語（言葉の音、いろいろな言葉）

語彙　知識

〈準備〉　鉛筆

〈問題〉　①絵の名前の後に「い」という文字を足しても、別の言葉にならないものはどれでしょうか。選んで○をつけてください。
②黒い屋根の家のお向かいにある家はどれでしょうか。選んで○をつけてください。

〈時間〉　各20秒

〈解答〉　下図参照

学習のポイント

①のような問題を解いた後には、ほかに「い」がつくと別の言葉になるものはないか保護者の方が問いかけみてください。ただ問われたことに答えるのではなく、問題を考えるということは、問題を深く理解することにもつながります。お子さまに問いかけるということは、もちろん保護者の方も考えるということです。お子さまといっしょに考えてみましょう。このように、１つの問題をきっかけに関連した知識を得ていくことは、正しい学びの姿勢と言えます。②に関して、答えは簡単にわかるのですが、ねらいが明言しにくい問題です。おそらく、日常生活の中で経験する言語知識を問うということころでしょうか。「お向かい」という言葉がわかるかどうかということで、言語分野の問題として考えました。

【おすすめ問題集】
　Ｊｒ・ウォッチャー17「言葉の音遊び」、18「いろいろな言葉」、
　60「言葉の音（おん）」

問題21　分野：言語（英語）　知識　聞く

〈準備〉　鉛筆

〈問題〉　描かれている３つの絵を英語で読み上げます。左端の丸から始めて、読み上げられた順番通りに線で結んでください。では、読み上げます。「Star、Apple、Star、Umbrella、Umbrella」

〈時間〉　10秒

〈解答〉　下図参照

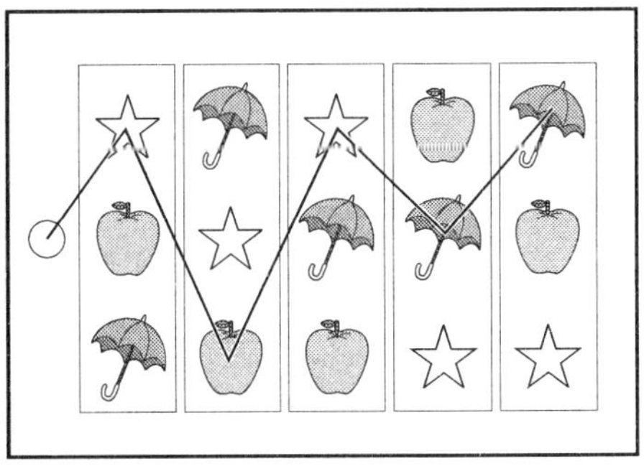

学習のポイント

読み上げられる英語がわかれば簡単な問題なのですが、それがわかるかどうかが問題でしょう。読み上げられる英語は、例年１つを除いては割となじみのあるものが多いので、何とか対応できるのではないかと思います。本問は、当校独特の問題で、対策をするにしても類題はありません。ただ、出題のパターンはいつも同じです。簡単な英単語を聞いて耳に慣れさせるということが対策になるでしょう。出題の意図はわかりかねますが、こういう問題が出るということをしっかりとらえて、対応できるようにしておきましょう。例年同じ問題が出題されるということは、学校が重視していると同時に、確実に正解することが求められる問題ということです。

問題22　分野：推理（比較、図形の構成）

考え　観察

〈準 備〉　鉛筆

〈問 題〉　黒い部分が広い形に○をつけてください。下の段も同じように選んでください。

〈時 間〉　1分

〈解 答〉　①左から2番目、右端　②左から2番目、右端

学習のポイント

広さを比較するためには、形がシンプルな方がわかりやすいので、黒い部分がバラバラになっているものは、1つにまとめて考えると答えを導き出しやすくなります。例えば、①の左端の、円を6等分した形は、円の右側にある黒い部分と左側の白い部分を入れ替えれば、白黒半分ずつの円になります。このように、比較しにくい形は単純に比較できる形にしてしまいましょう。すべての形でできるというものではありませんが、試してみる価値はあると思います。マス目で区切られた形などでは、数字的に比較（マス目○個と□個）できますが、本問ではそうした厳密な比較はできません。観察した上で、こちらの方が大きいという判断をすることになるので、図形の感覚も磨いておく必要があります。

【おすすめ問題集】
Ｊｒ・ウォッチャー15「比較」、54「図形の構成」、58「比較②」

問題23　分野：数量（選んで数える）

観察　集中

〈準 備〉　鉛筆

〈問 題〉　上の段を見てください。この中に星の絵と月の絵はそれぞれ何個あるでしょうか。下の四角の中に○を書いてください。

〈時 間〉　40秒

〈解 答〉　星／○：6、月／○：5

学習のポイント

星と月の数をかぞえればよいだけなのですが、ハートや三角などの形が混在してわかりにくくなっています。また、月は大きさや向きが変わっているものもあります。それらも同じ月として数えるように指導してください。本問のような時間をかければ確実に正解できる問題は、たいていの場合、解答時間が短く設定されています。見直す時間がとれないことが多いので、1回で確実に数えることができるようにしておきましょう。また、数え終えたところをしっかり把握できるようにしておくことが重要です。「どこまで数えたっけ」となると、はじめからやり直しになっていまいます。数える方向を一定にしたり、部分ごとに数えるなど、ミスのないように工夫していきましょう。

【おすすめ問題集】
Ｊｒ・ウォッチャー14「数える」、37「選んで数える」

問題24　分野：図形（合成）

観察　考え

〈準備〉　鉛筆

〈問題〉　左の四角の中の形を作るために必要な形はどれでしょうか。右の四角の中から選んで○をつけてください。下の段も同じように選んでください。

〈時間〉　１分

〈解答〉　①左から２番目、真ん中、右端　②左端、左から２番目、右から２番目

学習のポイント

図形を合成する問題では、形の特徴をつかむことがポイントになります。本問では、あまりまぎらわしい形はなく、そのままの向きで重なっているので、わかりやすい問題と言えます。もし、お子さまがわかりにくいと感じているようでしたら、形を切り取って、実際に重ねながら考えてみるとよいでしょう。そうすると、ひとかたまりになっている左の形が、いくつかの形が重なってできているということが実感できます。そうした経験を繰り返すことで、頭の中でも同様に形を重ねることができるようになるのです。図形問題全般に共通することですが、具体物を使って実際に動かすことが学習の基本になります。基本をおろそかにしないようにしましょう。

【おすすめ問題集】

Ｊｒ・ウォッチャー９「合成」、45「図形分割」、54「図形の構成」

問題25　分野：図形（積み木）

観察　考え

〈準備〉　鉛筆

〈問題〉　実際の積み木を使って作ることができない形はどれでしょうか。選んで○をつけてください。

〈時間〉　30秒

〈解答〉　左上

学習のポイント

ペーパー上でしか積み木を経験していなければ、本問は難しく感じてしまうでしょう。というよりも、ペーパー上では作ることができてしまっているので、何を問われているかがわからないかもしれません。正解は左上の積み木なのですが、実際に積み木で遊んだことがなければ、なぜこれができないのか理解できません。実際に積み木を積むことで、はじめてわかるのです。理屈としてはわかっていないかもしれませんが、どう積めば崩れないかは、何度も積み木を崩すことで身に付くものです。そうした感覚は、ペーパー学習だけで得られるものではありません。積み木は、実際に積むことでしか経験できないということです。

【おすすめ問題集】

Ｊｒ・ウォッチャー16「積み木」、31「推理思考」

問題26　分野：図形（図形の分割）

観察　考え

〈準備〉　鉛筆

〈問題〉　左の四角の中の形を４つに分けた時にできない形はどれでしょうか。右の四角の中から選んで○をつけてください。

〈時間〉　30秒

〈解答〉　真ん中

学習のポイント

形を「４つに分ける」とありますが、言い方を変えれば「４つを組み合わせる」ということです。ちょっとした考え方の違いではありますが、どちらでも同じ答えにたどり着けるので、やりやすい方法でトライしてみるとよいでしょう。左上と右下が同じ形ということに気が付けば、あっという間に答えられます。「できない形」は１つなので、この２つの形は必要なパーツです。この２つを使うということは、真ん中のパーツが不要ということになります。少しハウツー的な感じもしますが、こうした気付きによって、すぐに正解にたどり着けることがあります。基本的な図形の考え方を身に付けることが大前提ですが、「気付ける」という視野の広さや観察力も受験には必要なことです。

【おすすめ問題集】
　Ｊｒ・ウォッチャー９「合成」、45「図形分割」、54「図形の構成」

問題27　分野：推理（推理思考）

観察　考え

〈準備〉　鉛筆

〈問題〉　白い玉を黒い玉よりたくさん落とすためには、どの位置に穴をあけるとよいでしょうか。選んで矢印に○をつけてください。

〈時間〉　１分

〈解答〉　右から２番目

学習のポイント

解き方としては、矢印より上に白い玉が黒い玉より多くあるものを選べばよいということです。条件としては、上の２つの玉は平らな場所にあるので、穴をあけても落ちてきません。右（左）に穴をあけても左（右）の玉は落ちてきません。そこで、矢印より上に白い玉が多くあるものを選びます。一見難しそうに見える問題でも、問題の出し方にひねりがあったり、問題にたどり着くまでに考えさせる要素があったりするだけで、問題自体は意外と単純だったりすることがあります。何を問われているのかという、問題の本質をしっかりと見極めて、できるだけシンプルに考えるように心がけましょう。実際の入試では、モニターを使って出題されたということです。

【おすすめ問題集】
　Ｊｒ・ウォッチャー31「推理思考」

問題28 分野：推理（比較）

観察 考え

〈準 備〉 鉛筆

〈問 題〉 綱引きで左の３つの絵のような結果になりました。右の絵の「？」に入る絵はどれでしょうか。すべて選んで○をつけてください。

〈時 間〉 １分

〈解 答〉 左下、右下

学習のポイント

左の絵から、「ゾウ１＝ウサギ３」「ゾウ１＝クマ２」で釣り合っていることがわかります。このことから、「ウサギ３＝クマ２」も釣り合うことがわかります。その条件を、右の絵にあてはめていくと、「クマ３＜ゾウ２」「クマ３＜ウサギ５」「クマ３＝ゾウ１クマ１」「クマ３＝クマ１ウサギ３」になり、下の２つが正解ということになります。シーソーや綱引きの問題は、「Ａ＜Ｂ」「Ｂ＜Ｃ」の条件が出された時に、「Ａ＜Ｃ」も成り立つことが理解できるかどうかが基本になります。こうした「間接的な比較」は、論理的思考そのものです。小学校入学後にも大きく役立つ考え方になるので、積極的に取り組んでいくようにしてください。

【おすすめ問題集】

Ｊｒ・ウォッチャー15「比較」、58「比較②」

問題29 分野：図形（欠所補完）

観察 集中

〈準 備〉 鉛筆

〈問 題〉 **この問題の絵は縦に使用してください。**
２つの絵を比べてみると、下の絵はどこか足りないところがあります。どこが足りないかをよく見て、足りないところを上の絵と同じになるように描き足してください。

〈時 間〉 ３分

〈解 答〉 下図参照

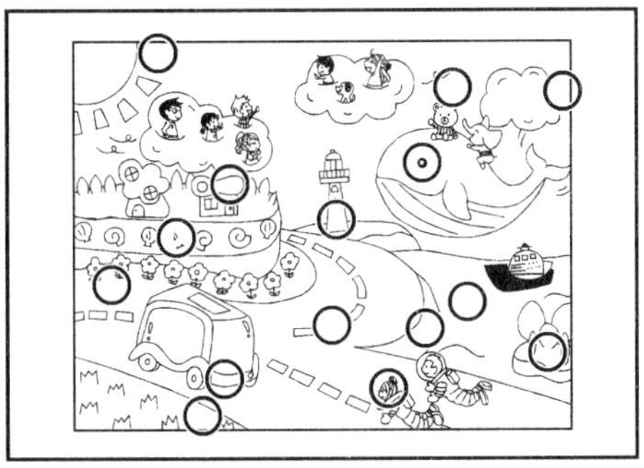

学習のポイント

お子さまにとっては（大人でも）、慣れていないとかなり難しい問題なので、対策はしっかりしておきましょう。見る記憶と同じような感覚でとらえがちですが、記憶する必要はないので、上の絵をしっかり見てから下の絵との違いを探すのではなく、上下を細かく見比べて違いを探していきましょう。その時、全体ではなく部分ごとに比較していくと、違いを見つけやすくなります。また、見る順番を一定にすることも大切なポイントです。左上から下、真ん中上から下、右上から下というように見ていくと、効率よく見ることができるでしょう。そうすることで、見落としや同じ場所を２回見るといったミスも減っていきます。

【おすすめ問題集】
Ｊｒ・ウォッチャー４「同図形探し」、59「欠所補完」

問題30　分野：お話の記憶

聞く　集中

〈準備〉　鉛筆

〈問題〉　**この問題の絵は縦に使用してください。**
これからするお話をよく聞いて、後の質問に答えてください。

たくさんの動物と暮らしている家族のお話です。
ある晴れた日、おじいさんは動物といっしょに旅に出たいと考え、家族にその話をしました。おじいさんの家族は、おばあさん、お父さん、お母さん、男の子の５人家族です。おじいさんは、反対されるのではないかと心配していましたが、みんな賛成してくれたので、一安心しました。おじいさんは、その日のうちに大きな船を借りてきました。その船の先には、星型のマークが描いてありました。
次の日、出発の準備を始めたおじいさんは、サル、ゾウ、キリン、タヌキ、パンダ、ハトの順番で船に乗せました。大きなゾウとキリンは、船の２階に乗せることにしました。家族の準備も動物の準備も整ったのでいよいよ出発です。曇っていた空もだんだん晴れてきました。
海に出ると、どんどん船のスピードが上がっていきます。いつの間にか、陸地は小さくなってしまいました。大きな海をぐんぐん進んでいると、３羽のカモメが近づいてきました。動物のみんなにあいさつをしているようです。船の上では、はじめて見る風景に、サルとタヌキが大はしゃぎしています。２階の丸い窓からキリンが見た景色は、大きく広がる水平線だけでした。
そうしているうちに、ごはんの時間になりました。サルとタヌキにはバナナを、ゾウとキリンにはリンゴとニンジンを、パンダにはササを、ハトにはマメをあげました。おなかいっぱい食べて、みんな大満足です。ごはんを食べたら、みんなちょっと眠くなってしまいました。
これからどんなことが待っているのでしょうか。仲良し家族と動物たちの旅は、まだ始まったばかりです。

（問題30－１の絵を渡す）
①おじいさんが、動物と旅に出ようと考えた日はどんな天気だったでしょうか。選んで○をつけてください。
②おじいさんといっしょに旅に出た家族で正しいものはどれでしょうか。選んで○をつけてください。
③おじいさんが借りてきた船はどれでしょうか。選んで○をつけてください。
④１番はじめに船に乗った動物はどれでしょうか。選んで○をつけてください。
⑤船の２階に乗った動物はどれでしょうか。選んで○をつけてください。
（問題30－２の絵を渡す）
⑥出発の日の天気はどう変わったでしょうか。選んで○をつけてください。
⑦船に近づいてきたカモメは何羽だったでしょうか。選んで○をつけてください。
⑧船の上で大はしゃぎしていた動物はどれでしょうか。選んで○をつけてください。
⑨キリンはどんな窓からに外の風景を見たでしょうか。
⑩ゾウとキリンが食べたものはどれでしょうか。選んで○をつけてください。

〈時間〉　各10秒

〈解答〉　①右端（晴れ）　②左端（５人家族）　③右から２番目（星）
④右端（サル）　⑤右端（ゾウ、キリン）　⑥右端（曇り→晴れ）
⑦右から２番目（３羽）　⑧左から２番目（タヌキ、サル）
⑨右から２番目（丸）
⑩左から２番目（ニンジン）、右から２番目（リンゴ）

学習のポイント

お話自体は長くはありませんが、問題数が多いので、細かなところまで覚えなくてはなりません。とは言え、質問はすべてお話に直接出てくる内容です。しっかり聞くことができていれば、答えることができるでしょう。ですが、受験学習を始めたばかりの頃は、いくつものことをまとめてはできません。お話の記憶であれば、まずは「聞く」ということができるようになることが最優先です。ここでの「聞く」には、「聞いて」「理解する」というところまで含まれます。理解しているかどうかを確認するには、問題を出すこともよいのですが、お話を要約させることが非常に有効な方法です。まずは、読み聞かせをして、「どんなお話だった」と聞くことで、お子さまは考えながら聞くことを覚えます。そして、「聞く」と「話す」を行き来することで、お話を理解する力が付いてくるのです。

【おすすめ問題集】
１話５分の読み聞かせお話集①・②、お話の記憶問題集 初級編・中級編、
Ｊｒ・ウォッチャー19「お話の記憶」

問題31　分野：常識（理科）　知識

〈準備〉　鉛筆

〈問題〉　①サツマイモの葉はどれでしょうか。選んで○をつけてください。
②植木鉢を動かした時によく見る生きものはどれでしょうか。選んで○をつけてください。

〈時間〉　各20秒

〈解答〉　①左から２番目　②真ん中（ダンゴムシ）、右端（ミミズ）

学習のポイント

植物の葉、生きものの生息場所は、当校では頻出の問題です。こうした理科的な常識は、実際に体験して、知識を身に付けることが理想ではあるのですが、現実的には図鑑やインターネットなどを通して知識を得ることになると思います。そうなると、どうしても詰め込み型の学習になってしまいがちです。単に覚えるのではなく、関連した情報などを織り交ぜながら知識を得ることで、学習の幅が広がります。そうして得た知識をきっかけに、ほかのことにも興味関心を持ち、さらに深く学んでいくことにもつながっていきます。自分で学ぼうという姿勢は、学習の大きな原動力になるので、大切に育んでいくようにしてください。

【おすすめ問題集】

Ｊｒ・ウォッチャー27「理科」、55「理科②」

問題32　分野：常識（日常生活）　知識

〈準備〉　鉛筆

〈問題〉　①食事の時の正しい態度はどれでしょうか。選んで○をつけてください。
②暑い日に外に出かける時、持っていくものはどれでしょうか。

〈時間〉　各20秒

〈解答〉　①左から２番目　②上段右端（帽子）、下段左から２番目（水筒）

学習のポイント

こうした当たり前のことができているかどうかは、お子さまを通して保護者の方が観られているということです。もし、こうした問題ができなかった時、反省すべきはお子さまではなく保護者の方です。できなかったからといって怒るのは、それこそ逆ギレでしょう。常識は、学習ではなく、生活の中で自然と身に付けていくものです。常識の問題集（弊社でも発行していますが……）で学ぶのではなく、躾としてきちんとお子さまに伝えてあげてください。そのためには、保護者の方が伝えるべきことを身に付けていなければなりません。「食事の時の態度」「箸の持ち方」など、保護者の方が見本になれなければ、お子さまはできるようにはなりません。まずは、保護者の方が自分自身を見直しましょう。

【おすすめ問題集】

Ｊｒ・ウォッチャー12「日常生活」、34「季節」、56「マナーとルール」

家庭学習のコツ③　効果的な学習方法～問題集を通読する

過去問題集を始めるにあたり、いきなり問題に取り組んではいませんか？　それでは本書を有効活用しているとは言えません。まず、保護者の方が、すべてを一通り読み、当校の傾向、ポイント、問題のアドバイスを頭に入れてください。そうすることにより、保護者の方の指導力がアップします。また、日常生活のさまざまなことから、保護者の方自身が「作問」することができるようになっていきます。

問題33　分野：言語（いろいろな言葉）　語彙　知識

〈準　備〉　鉛筆

〈問　題〉　①上の絵の名前の中には生きものが隠れています。その生きものを下から選んで、線で結んでください。
②「プンプン」に合う絵には○を、「シクシク」に合う絵には△をつけてください。

〈時　間〉　①1分　②30秒

〈解　答〉　下図参照

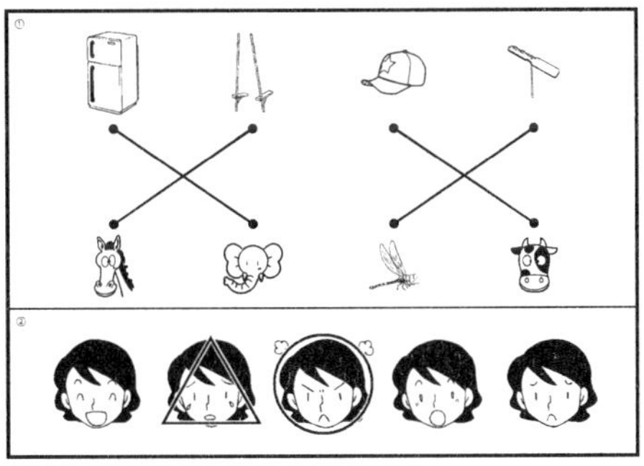

学習のポイント

言語の問題は、①のようになぞなぞ感覚で取り組むこともできるので、ペーパーだけでなく、日常会話の中にも積極的に取り入れ、学びの機会を増やすようにしていきましょう。「名前の中に生きものがいる」という意味がわからないお子さまもいるかもしれません。そんな時は、1問いっしょにやってみましょう。「れ・い・ぞ・う・こ」の「ぞ・う」を強調しながら読み上げて、お子さまの気付きを促します。「何かいたかな」と言って、何を問われているのかをお子さま自身で理解できるようにしてください。②のような、擬態語や動作を表す言葉は、経験をともなわなければ、身に付けることができにくいものです。意図的にそうした場を作って、「言葉」と「状況」が結びつくようにしてみるのもよいでしょう。

【おすすめ問題集】

Ｊｒ・ウォッチャー17「言葉の音遊び」、18「いろいろな言葉」、60「言葉の音（おん）」

家庭学習のコツ④　効果的な学習方法～お子さまの今の実力を知る

1年分の問題を解き終えた後、「家庭学習ガイド」に掲載されているレーダーチャートを参考に、目標への到達度をはかってみましょう。また、あわせてお子さまの得意・不得意の見きわめも行ってください。苦手な分野の対策にあたっては、お子さまに無理をさせず、理解度に合わせて学習するとよいでしょう。

問題34　分野：言語（英語）

知識　聞く

〈準備〉　鉛筆

〈問題〉　描かれている3つの絵を英語で読み上げます。左端の丸から始めて、読み上げられた順番通りに線で結んでください。では、読み上げます。「Cap、Riceball、Star、Riceball、Cap」

〈時間〉　10秒

〈解答〉　下図参照

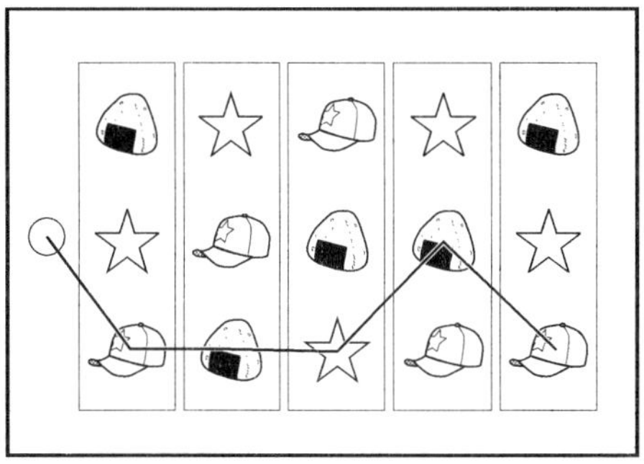

学習のポイント

小学校入試で英語が出てくる極めて珍しい問題です。求められているのは簡単な英単語の語彙です。読み上げられる3つの英単語を順番につなげていくだけなのですが、予備知識なしでいきなり出題されたら完全に戸惑ってしまうでしょう。頻出とわかっている問題ですので、対策をしっかりととっておくようにしましょう。とは言っても、類題がないので、出題されそうな英単語を聞くということくらいしか準備はできないかもしれません。また、例年1つだけ少しわかりにくい英単語（本問ではRiceball）があるので注意が必要です。逆に言えば、1つだけなので、消去法で対応することができます。CapでもStarでもないものが、Riceballということです。本質的な学習ではないかもしれませんが、そうした対応もできることを覚えておくとよいかもしれません。

問題35　分野：数量（選んで数える）

観察　集中

〈準備〉　鉛筆

〈問題〉　上の段を見てください。この中に星の絵と月の絵はそれぞれ何個あるでしょうか。下の四角の中に○を書いてください。

〈時間〉　40秒

〈解答〉　星／○：6、月／○：5

学習のポイント

大きさや向きが変わっていたり、ほかの形も混ざっていたりするので、ぱっと見ただけでは数を把握することは難しいでしょう。数えもれや重複して数えてしまうことがないように、ていねいに数えることを心がけてください。ただ、数量の問題は解答時間が短いことが多いので、時間に余裕はありません。ケアレスミスに気を付けて、確実に正解できるようにしましょう。ペーパーテストにおいては、ケアレスミスも、全くわからなかった問題も、同じ不正解です。そういう意味では、がんばって難問が解けるようになることと、ミスを減らすことは同じことと言えます。単純に比較することができるものではありませんが、ミスにはそれだけの重みがあるということを理解しておいてください。

【おすすめ問題集】

Ｊｒ・ウォッチャー14「数える」、37「選んで数える」

問題36　分野：推理（系列）

観察　考え

〈準備〉　鉛筆

〈問題〉　お約束にしたがって記号が並んでいます。空いている四角に入る記号は何でしょうか。あてはまる記号を書いてください。右も同じように書いてください。

〈時間〉　1分

〈解答〉　下図参照

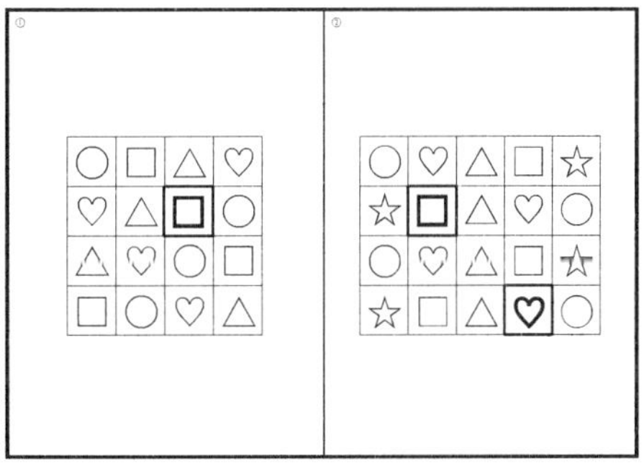

学習のポイント

縦と横という両方の系列を完成させなければいけないので、一般的な系列の問題よりも難しく感じてしまうかもしれませんが、手がかりが多くあるので、むしろ解きやすいと言えるでしょう。①は、縦列横列ともにすべて異なる記号が入ります。②は、縦列が２個の記号の繰り返し（縦列の真ん中を除く）で、横列はすべて異なる記号が入ります。このように、系列は記号の種類や数が多くなれば、その分手がかりも増えるので、正解を見つけやすくなります。複雑そうな見た目にだまされないようにしましょう。反対に、シンプルな系列の方が難しかったりもすることもあります。きちんと見極めて、問題に取り組むようにしてください。

【おすすめ問題集】

Ｊｒ・ウォッチャー６「系列」

問題37　分野：推理（四方からの観察）

観察　考え

〈準 備〉　鉛筆

〈問 題〉　積み木をイヌの方向から見ると、どんな形に見えるでしょうか。選んで○をつけてください。下の段も同じように選んでください。

〈時 間〉　40秒

〈解 答〉　①左上　②左上

学習のポイント

大人にとっては簡単なのですが、お子さまにとっては、自分以外の視点から見たものを想像することは、意外と難しい作業になります。本問で言えば、正面から見た積み木の形は理解できても、右（イヌの）方向から見た形を想像することは難しく感じてしまいます。簡単に言ってしまえば、見たものを頭の中で動かしたり、自分の視点を変えたりする力が未熟なのです。当たり前のことですが、経験を積むことでそうした力を付けていくようにしましょう。実際に積み木を問題のように積んで（②はできませんが……）、いろいろな方向から見てください。実際に見ることは、ペーパーで正解を確認するのとは大きな違いがあります。見ることを積み重ねることで、想像する力が付いてくるようになるのです。

【おすすめ問題集】

Ｊｒ・ウォッチャー10「四方からの観察」、53「四方からの観察　積み木編」

問題38　分野：図形（同図形探し）

観察　集中

〈準 備〉　鉛筆

〈問 題〉　上の６つの記号が描かれたカードをハサミの位置で切った時に、できるカードはどれでしょうか。下から選んで○をつけてください。

〈時 間〉　40秒

〈解 答〉　下段左、下段真ん中

学習のポイント

少し変わった同図形探しの問題で、系列や回転図形の要素も感じられます。そうした複合的な要素が含まれてはいますが、問題自体はそれほど難しいものではありません。３コマの同図形を２つ見つければよいということです。その時に気を付けることは、記号の向きです。回転していると矢印、三角、星などは向きが変わります。位置が正しいからといってすぐに飛びつかず、記号の向きも合っているか確認するようにしてください。解答時間が短いからといって、２つのカードを同時に探すことは避けた方がよいでしょう。複数のことを確認しながらの作業になるので混乱してしまいがちです。１つひとつをスピーディにすることを心がけましょう。

【おすすめ問題集】

Ｊｒ・ウォッチャー４「同図形探し」

問題39　分野：図形（展開）

観察　考え

〈準備〉　鉛筆

〈問題〉　上の形を広げた時にできる折り目はどれでしょうか。選んで○をつけてください。右も同じように選んでください。

〈時間〉　1分

〈解答〉　①1番上　②1番下

学習のポイント

正方形の折り紙を使った展開の問題はよく見かけますが、本問は帯状という少し珍しい形です。斜めの折り目が入ることで、横から縦、縦から横と帯の向きが変化するので、混乱してしまいそうですが、「折った形」も「広げた形」も斜め線の向きは同じです。①で言えば、折った形の折り目を順番に見ていくと「右斜め線」「左斜め線」「左斜め線」になります。ということは、選択肢の中で、「右斜め線」「左斜め線」「左斜め線」の順番に折り目が入っている1番上が正解になります。ですが、こうした法則をすぐに教えるのではなく、お子さまが自分で発見するように導いてみましょう。ちょうど割り箸の袋くらいの形なので、外食時などに、折ったり開いたりしながら、そういった法則を見つける「遊び」として体験を積み重ねていってください。

【おすすめ問題集】
　Ｊｒ・ウォッチャー５「回転・展開」

問題40　分野：推理（推理思考）

観察　考え

〈準備〉　鉛筆

〈問題〉　左の見本のように、同じ動物同士を線で結んでください。ただし、線が重なったり、四角の枠からはみ出してはいけません。間違えてしまった時は、下の四角に新しく書き直してください。

〈時間〉　1分

〈解答〉　下図参照

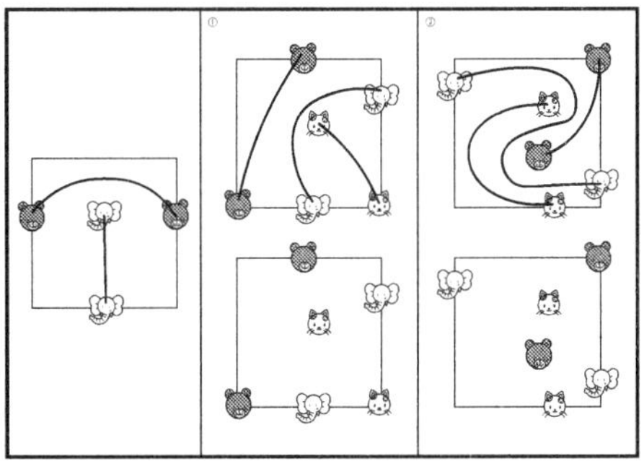

学習のポイント

同じ動物が２匹とも四角の枠の上にいる場合、この２匹の線を結ぶのは最後にしてください。四角の枠の中にいる動物を優先的に結んでください。この２つを頭に入れておけば、本問は解けます。ですが、問題39にも書きましたが、こうした法則を見つけることが学習なのです。はじめは何となく線を引いて、正解にたどり着いたかもしれませんが、何度か繰り返していくうちに、法則を見つけることができるようになります。また、「法則を見つけた」と思っても、「やっぱり違った」ということもあるでしょう。それも経験です。そうしたことを積み重ねて、お子さま自身で解き方を見つけることができれば、最高の経験になります。教えるのではなく、自分で学べるような環境を整えてあげることが保護者の方の役割であり、それがお子さまの成長を見守る保護者ならではの楽しみとも言えるでしょう。

【おすすめ問題集】

Ｊｒ・ウォッチャー31「推理思考」

仁川学院小学校　専用注文書

年　月　日

合格のための問題集ベスト・セレクション

＊入試頻出分野ベスト３

1st　推理
思考力　観察力

2nd　図形
観察力　思考力

3rd　お話の記憶
聞く力　集中力

幅広い分野から出題されるので、基礎的な学習の積み上げが重要なポイントになります。その中で、例年同じ形式で出題される問題に関しては、しっかりと対策をとっておきましょう。

分野	書　名	価格(税抜)	注文	分野	書　名	価格(税抜)	注文
図形	Ｊｒ・ウォッチャー 4「同図形探し」	1,500 円	冊	図形	Ｊｒ・ウォッチャー 45「図形分割」	1,500 円	冊
推理	Ｊｒ・ウォッチャー 6「系列」	1,500 円	冊	言語	Ｊｒ・ウォッチャー 49「しりとり」	1,500 円	冊
図形	Ｊｒ・ウォッチャー 9「合成」	1,500 円	冊	推理	Ｊｒ・ウォッチャー 53「四方からの観察　積み木編」	1,500 円	冊
常識	Ｊｒ・ウォッチャー 12「日常生活」	1,500 円	冊	図形	Ｊｒ・ウォッチャー 54「図形の構成」	1,500 円	冊
推理	Ｊｒ・ウォッチャー 15「比較」	1,500 円	冊	常識	Ｊｒ・ウォッチャー 55「理科②」	1,500 円	冊
図形	Ｊｒ・ウォッチャー 16「積み木」	1,500 円	冊	常識	Ｊｒ・ウォッチャー 56「マナーとルール」	1,500 円	冊
言語	Ｊｒ・ウォッチャー 17「言葉の音遊び」	1,500 円	冊	推理	Ｊｒ・ウォッチャー 58「比較②」	1,500 円	冊
巧緻性	Ｊｒ・ウォッチャー 25「生活巧緻性」	1,500 円	冊	推理	Ｊｒ・ウォッチャー 59「欠所補完」	1,500 円	冊
常識	Ｊｒ・ウォッチャー 27「理科」	1,500 円	冊	言語	Ｊｒ・ウォッチャー 60「言葉の音（おん）」	1,500 円	冊
運動	Ｊｒ・ウォッチャー 28「運動」	1,500 円	冊		1話5分の読み聞かせお話集①・②	1,800 円	各　冊
観察	Ｊｒ・ウォッチャー 29「行動観察」	1,500 円	冊		実践 ゆびさきトレーニング①・②・③	2,500 円	各　冊
推理	Ｊｒ・ウォッチャー 31「推理思考」	1,500 円	冊		新口頭試問・個別テスト問題集	2,500 円	冊
常識	Ｊｒ・ウォッチャー 34「季節」	1,500 円	冊		新ノンペーパーテスト問題集	2,600 円	冊
数量	Ｊｒ・ウォッチャー 37「選んで数える」	1,500 円	冊		新小学校受験の入試面接Ｑ＆Ａ	2,600 円	冊

合計	冊	円

（フリガナ） 氏　名	電　話 ＦＡＸ E-mail
住 所　〒　　　－	以前にご注文されたことはございますか。 有　・　無

★お近くの書店、または記載の電話・FAX・ホームページにてご注文をお受けしております。
電話：03-5261-8951　FAX：03-5261-8953　代金は書籍合計金額＋送料がかかります。
※なお、落丁・乱丁以外の理由による商品の返品・交換には応じかねます。
★ご記入頂いた個人に関する情報は、当社にて厳重に管理致します。なお、ご購入の商品発送の他に、当社発行の書籍案内、書籍に関する調査に使用させて頂く場合がございますので、予めご了承ください。

日本学習図書株式会社
http://www.nichigaku.jp

問題 1

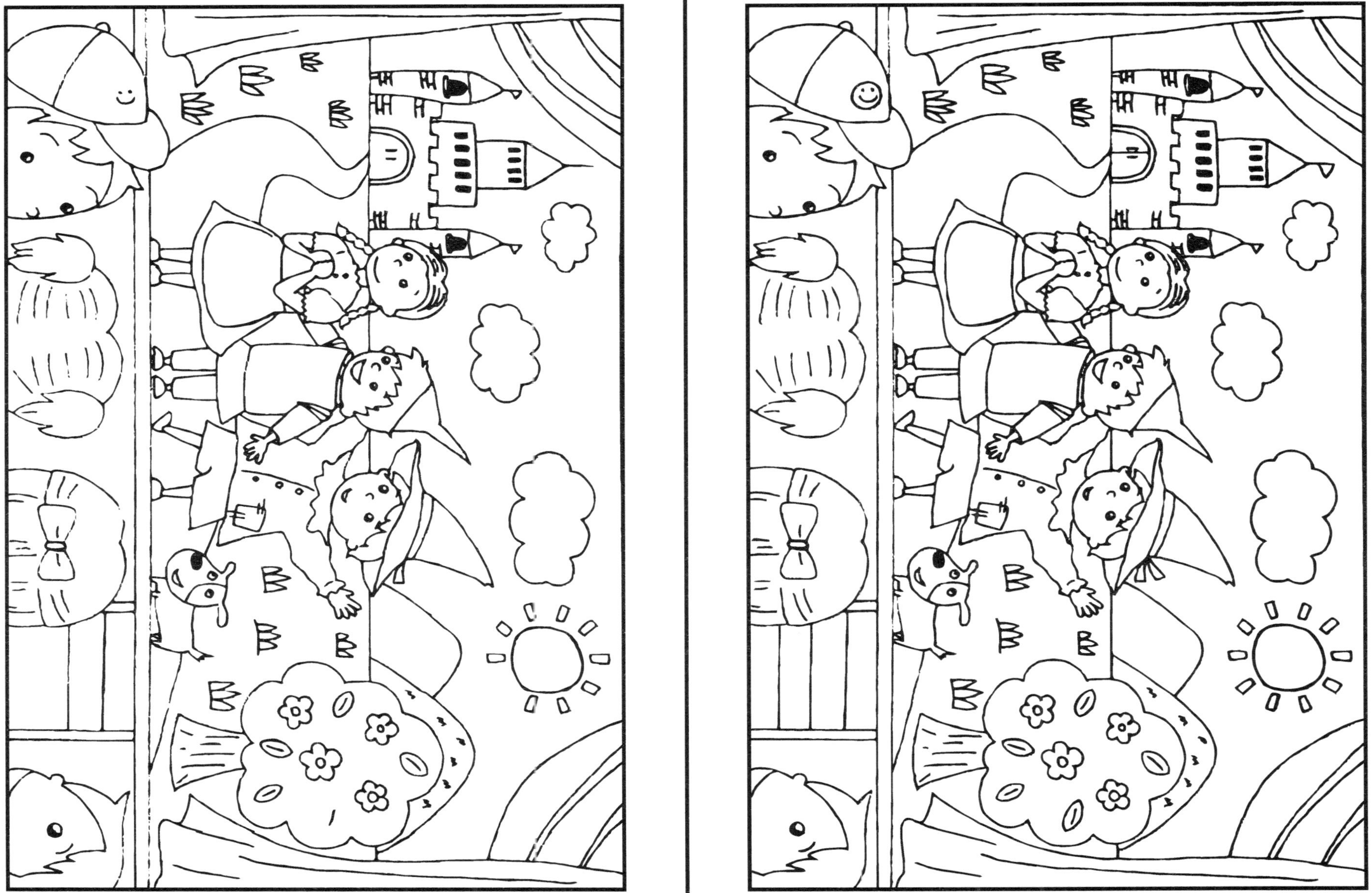

問題2－1

①

②

③

④

問題2－2

⑤

⑥

⑦

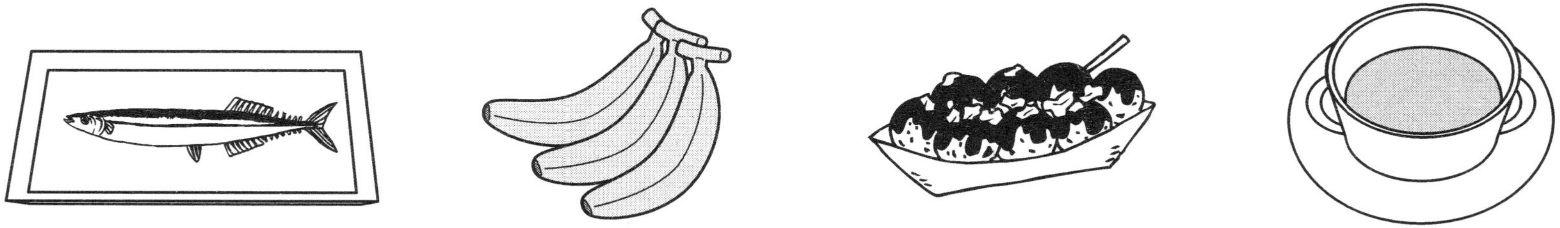

⑧

問題3

①

②

問題4

①

②

問題5

問題6

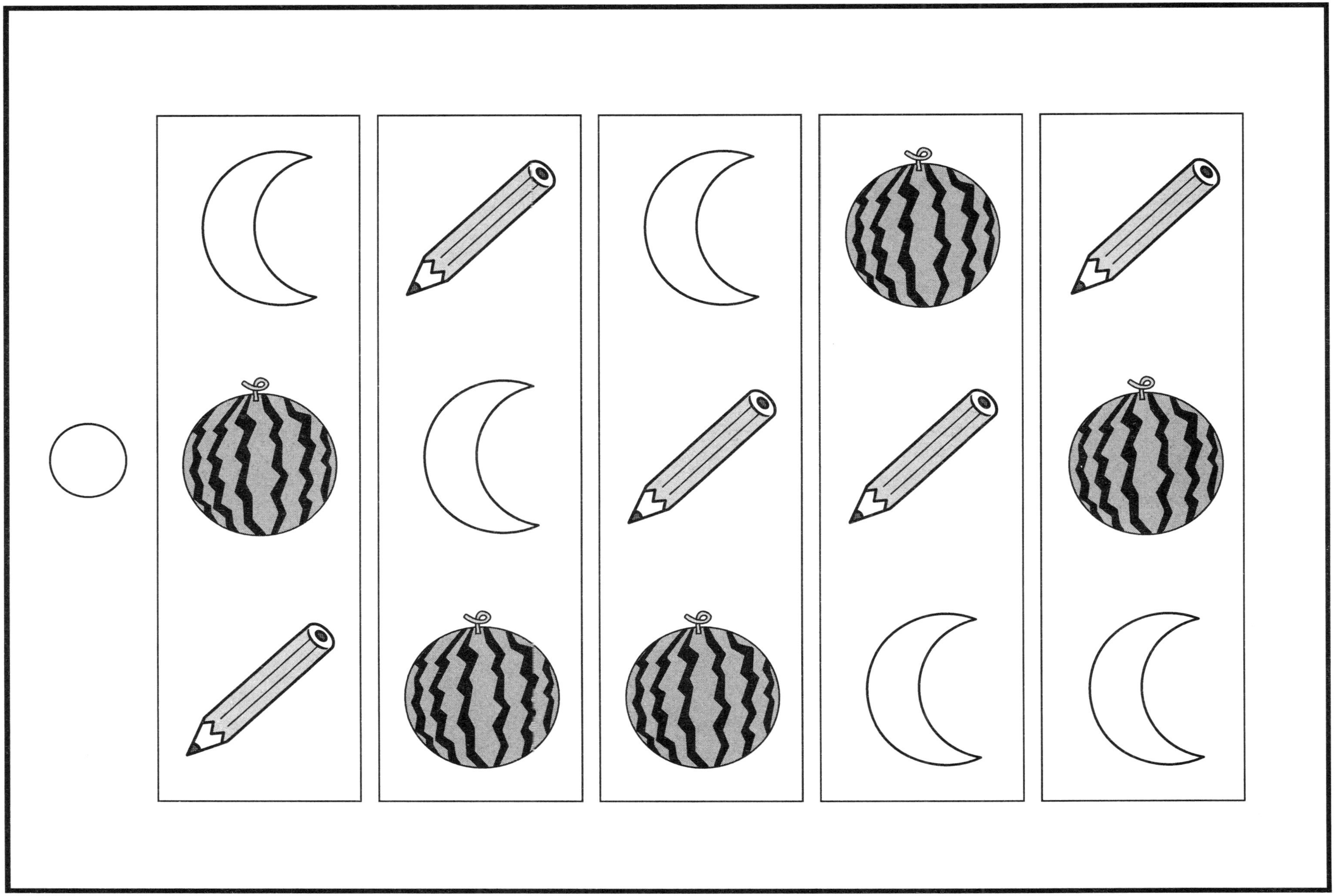

問題7

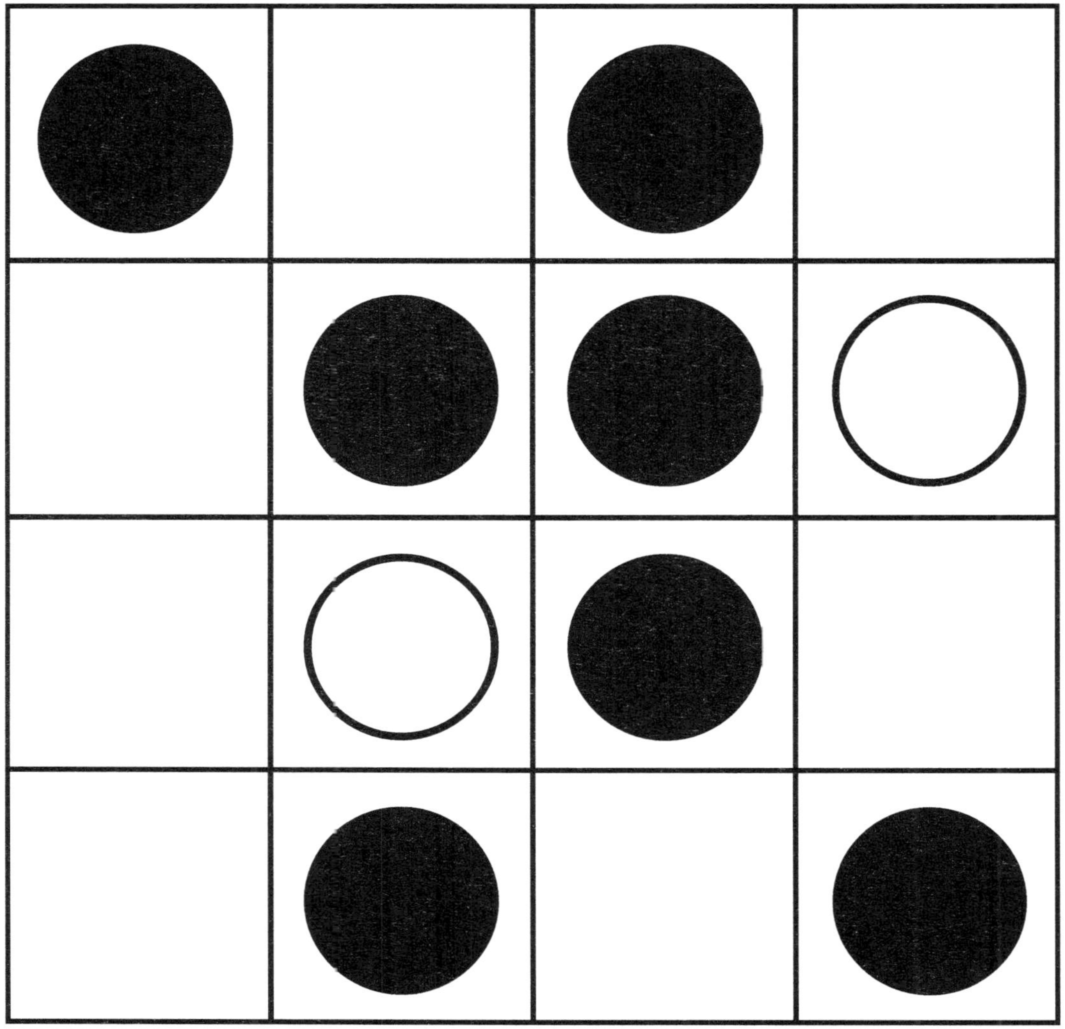

問題8

①

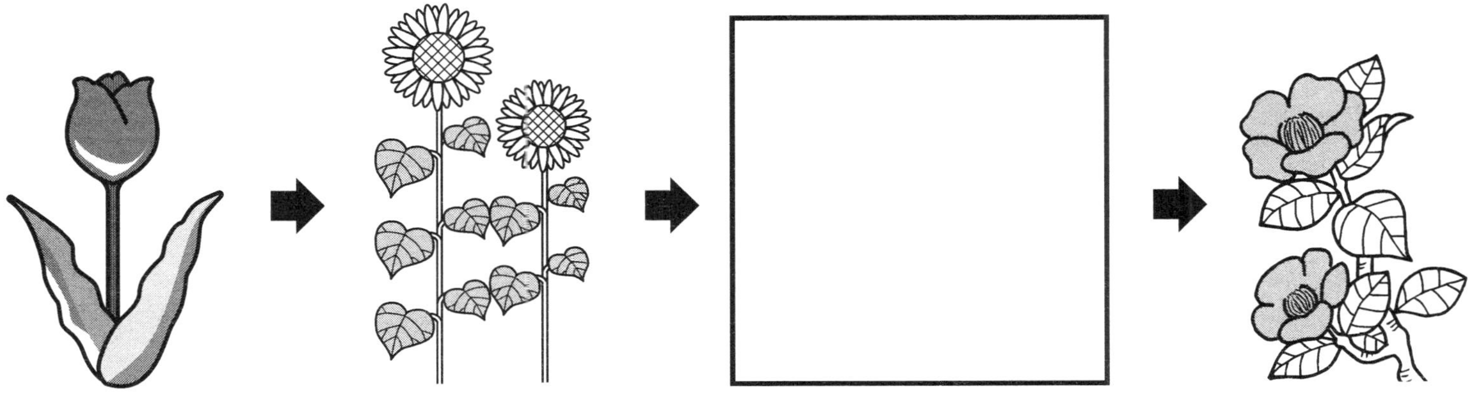

②

問題9

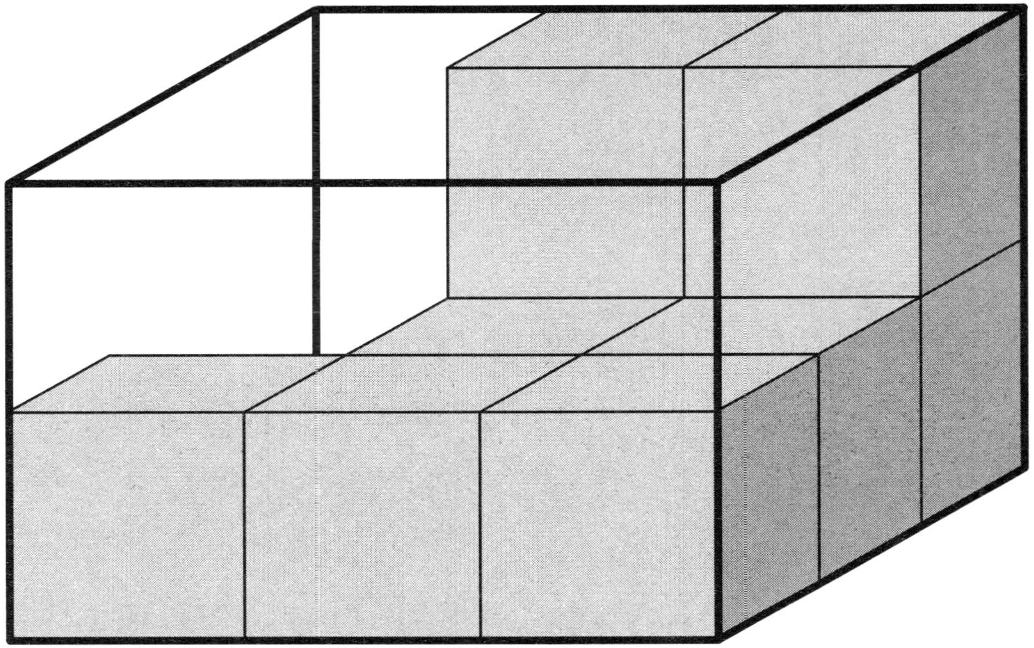

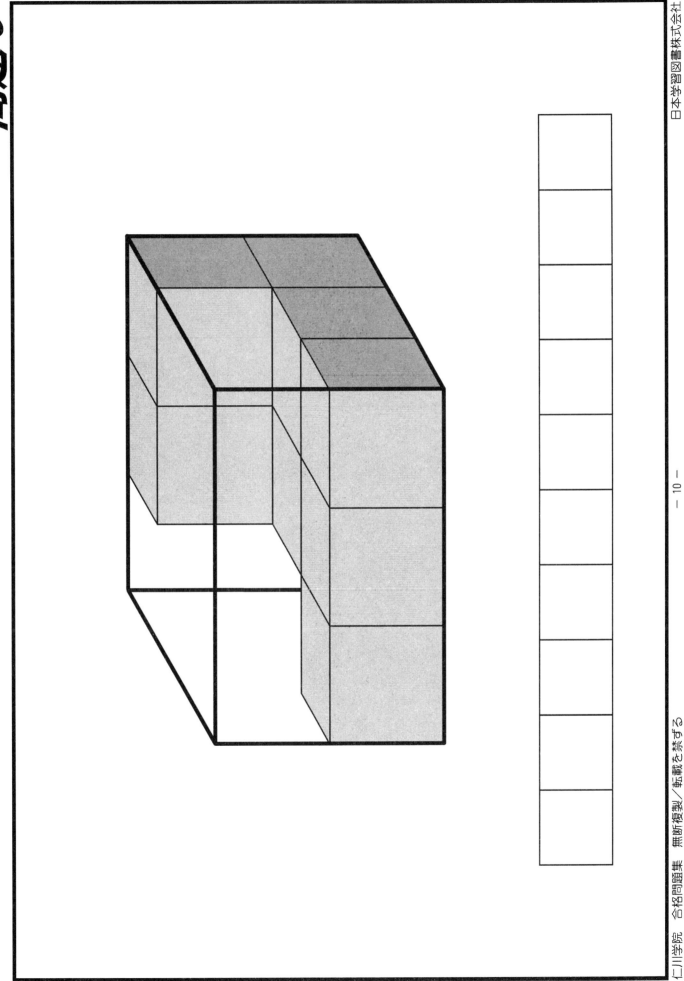

問題１０

問題１３−１

問題１３－２

問題16

問題１７－１

①

②

③

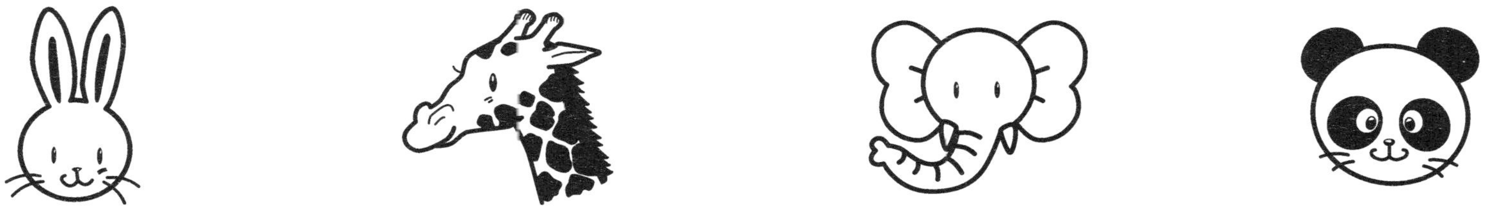

④

⑤
⑥
⑦
⑧

仁川学院 合格問題集　無断複製／転載を禁ずる　　　　　　　　　　日本学習図書株式会社

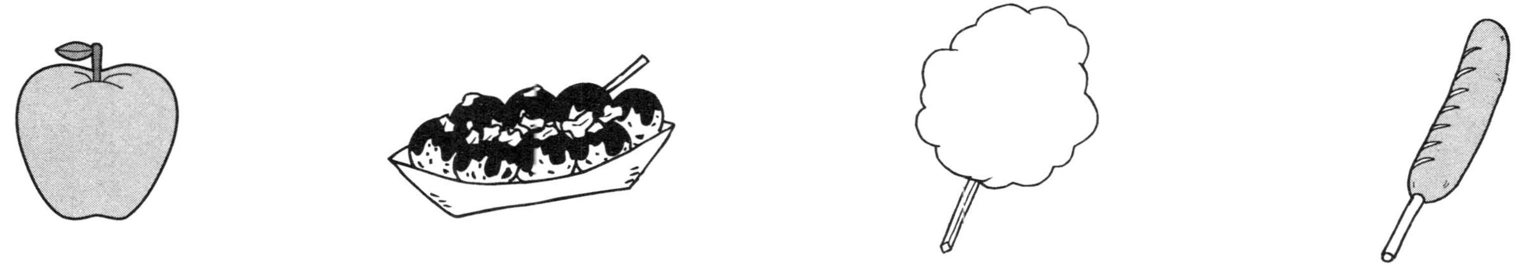

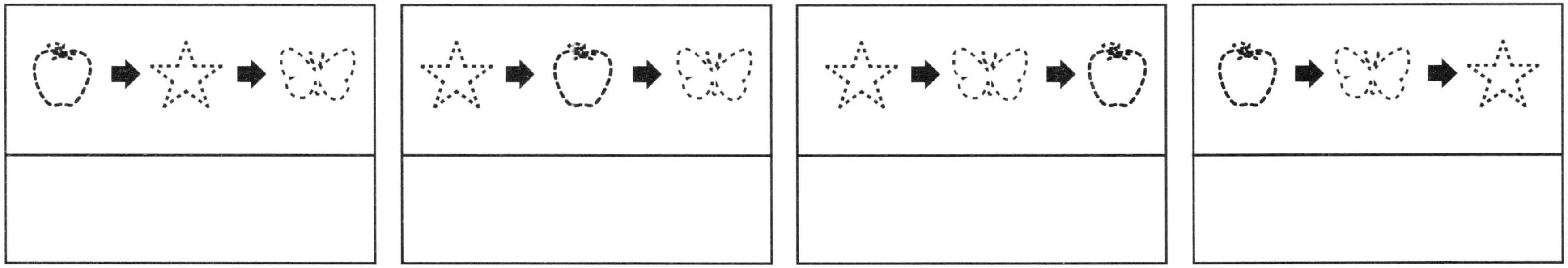

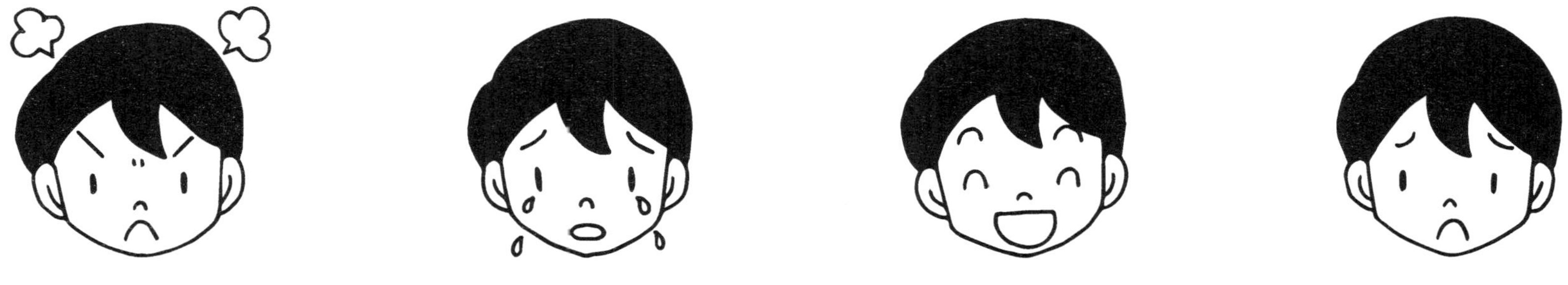

①

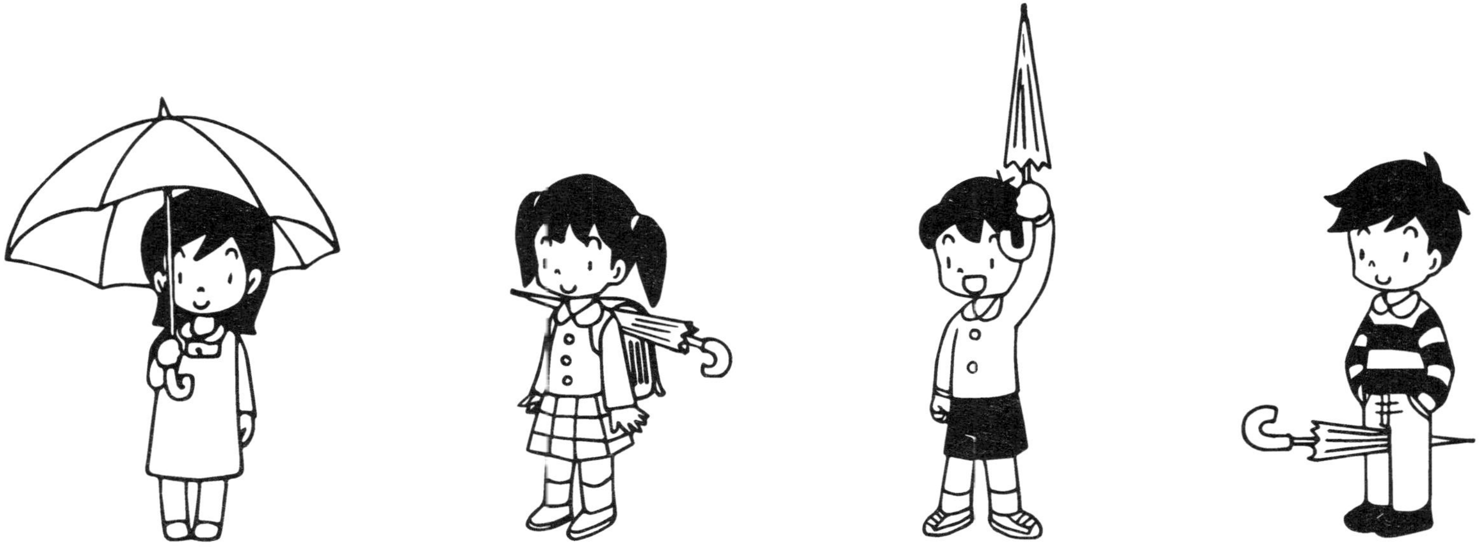

②

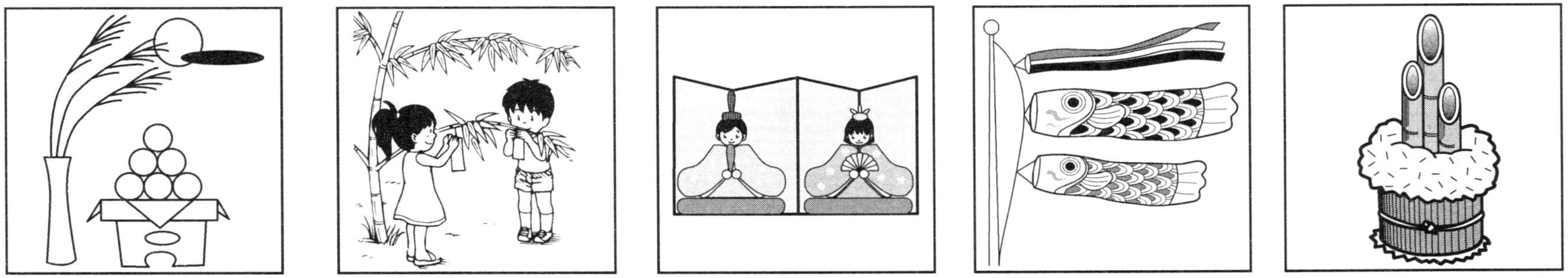

問題１９

①

②

問題２０

①

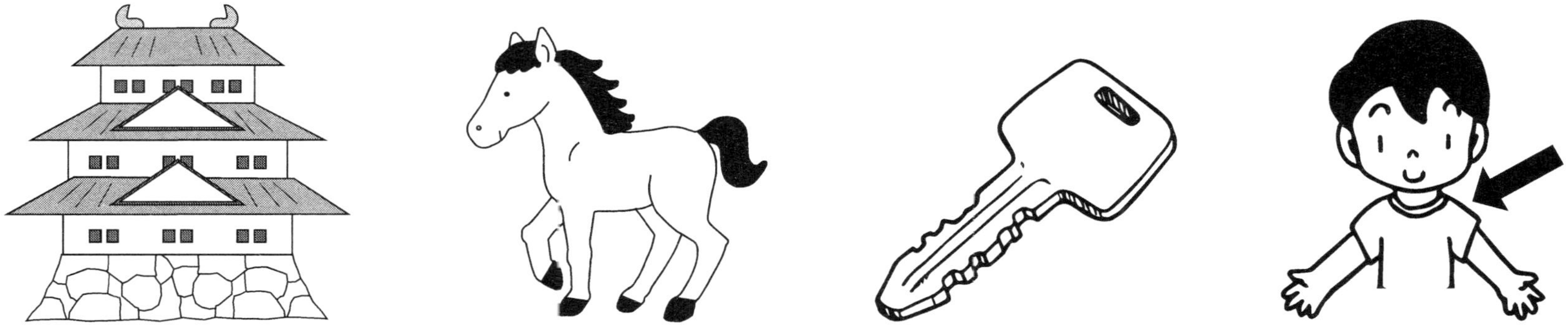

②

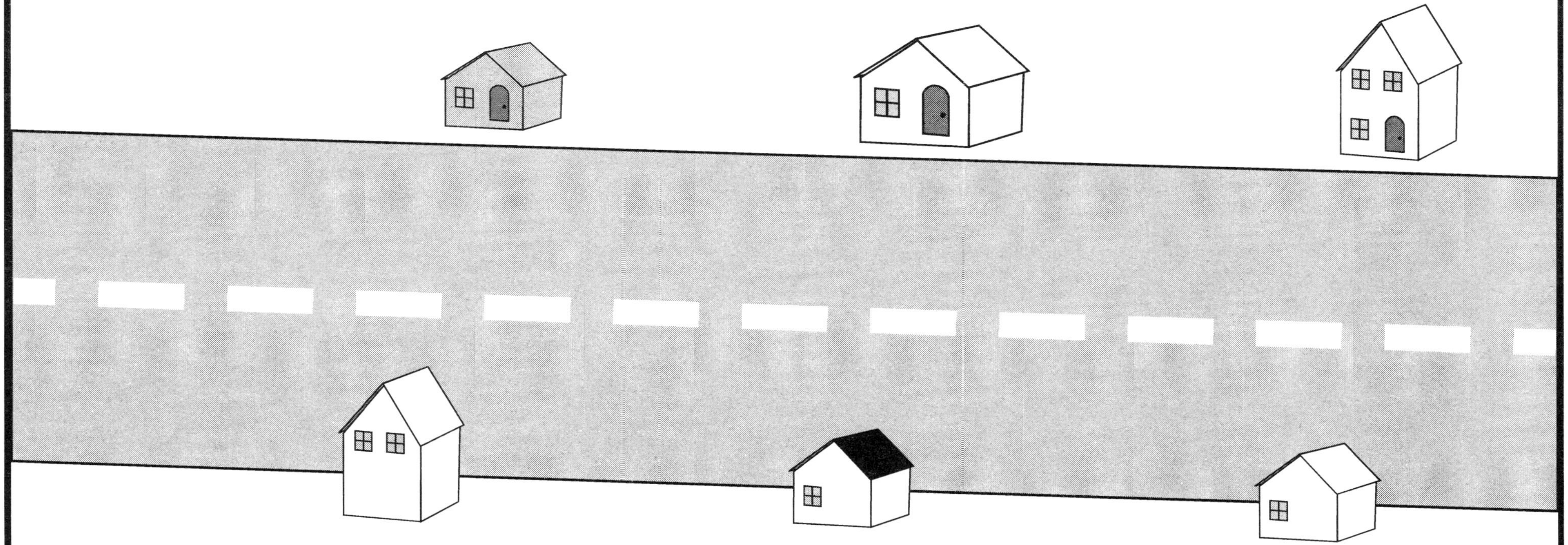

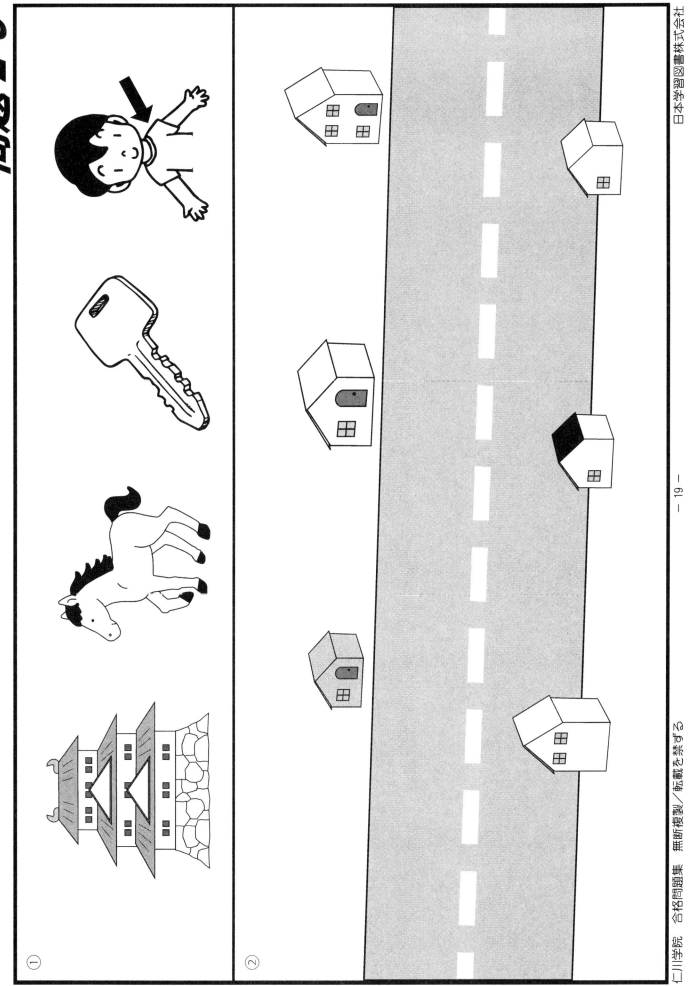

問題２１

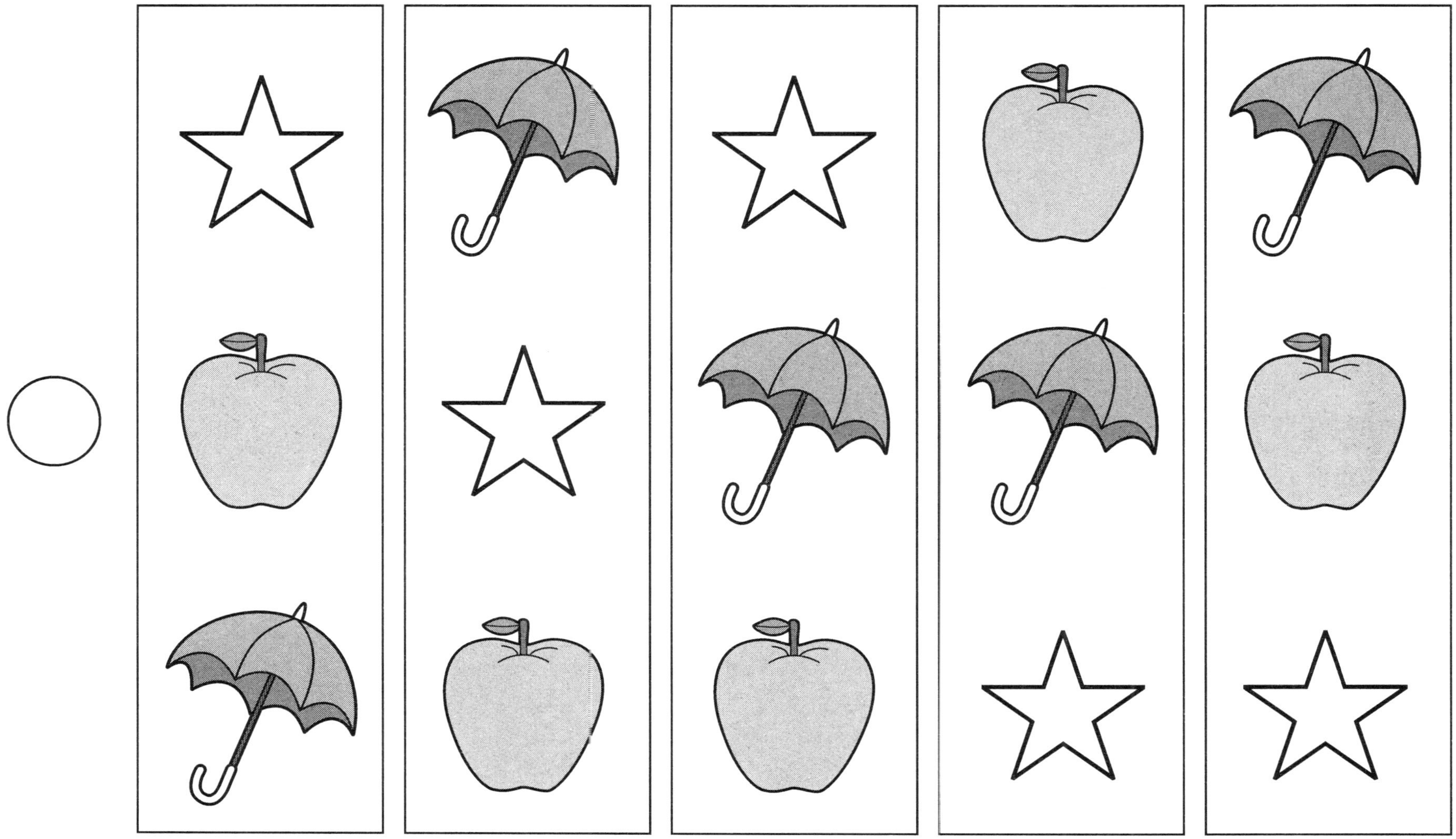

問題２２

①

②

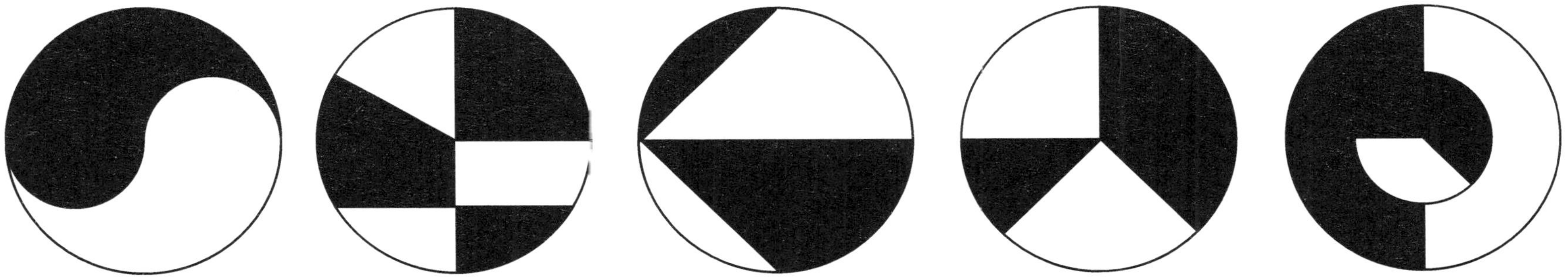

問題２３

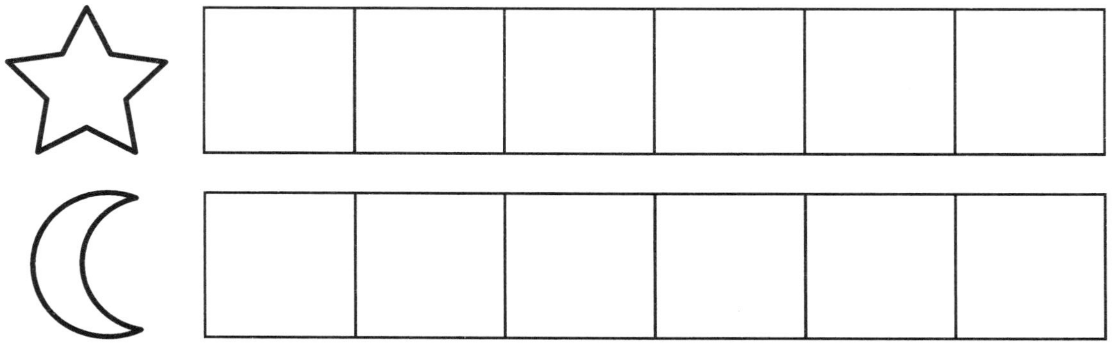

日本学習図書株式会社

仁川学院　合格問題集　無断複製／転載を禁ずる　　　日本学習図書株式会社

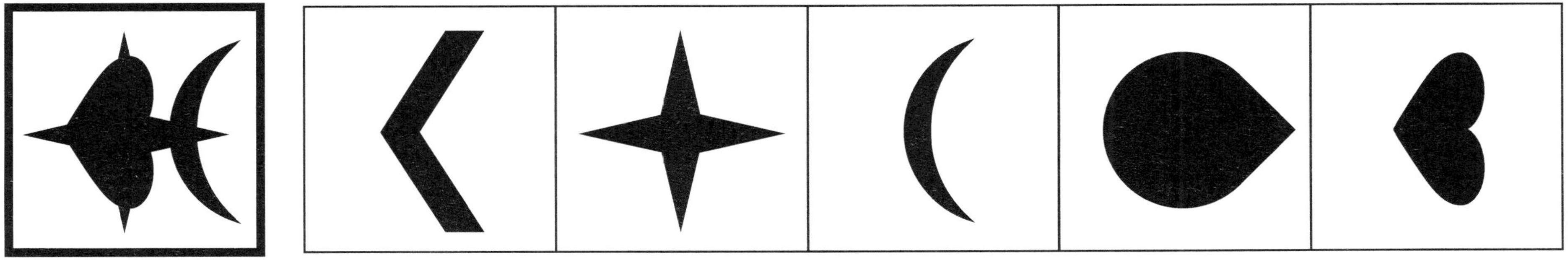

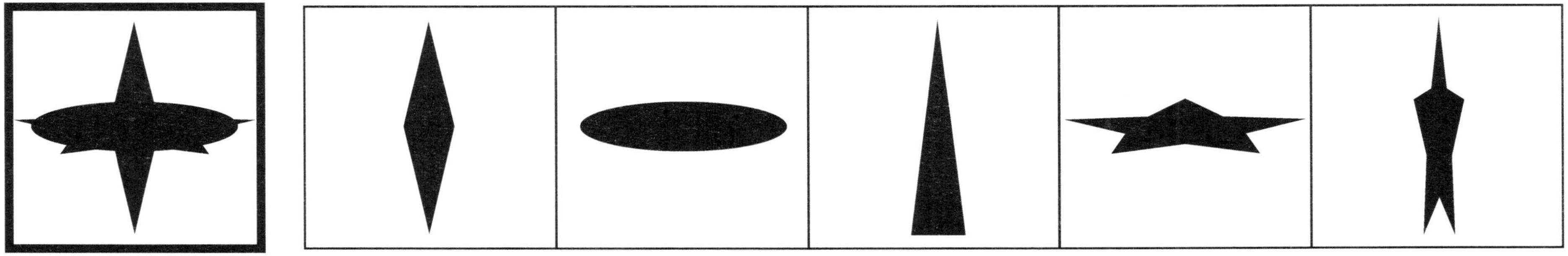

仁川学院　合格問題集　無断複製/転載を禁ずる　　　　　　　　　　日本学習図書株式会社

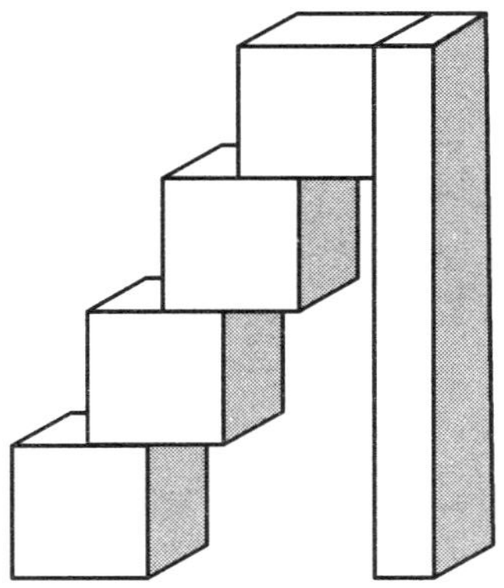

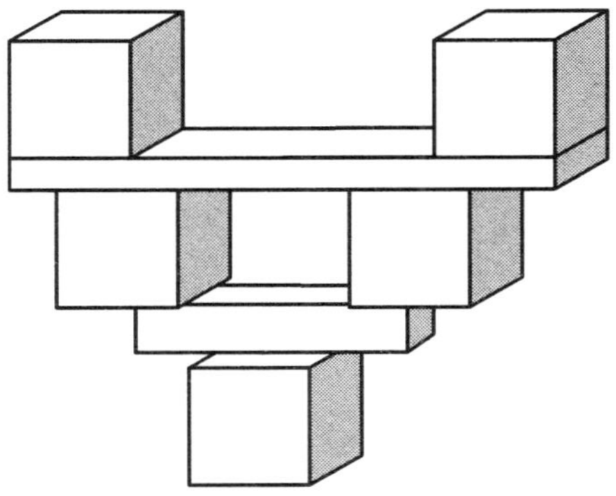

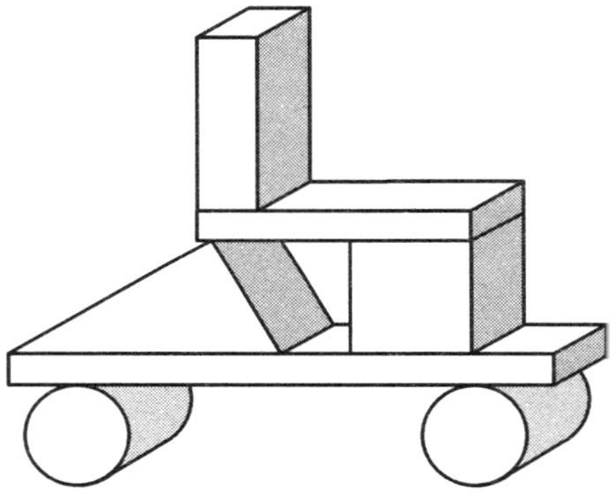

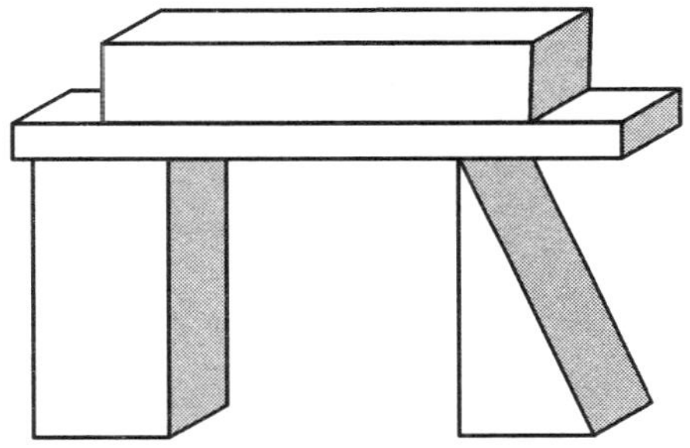

問題２６

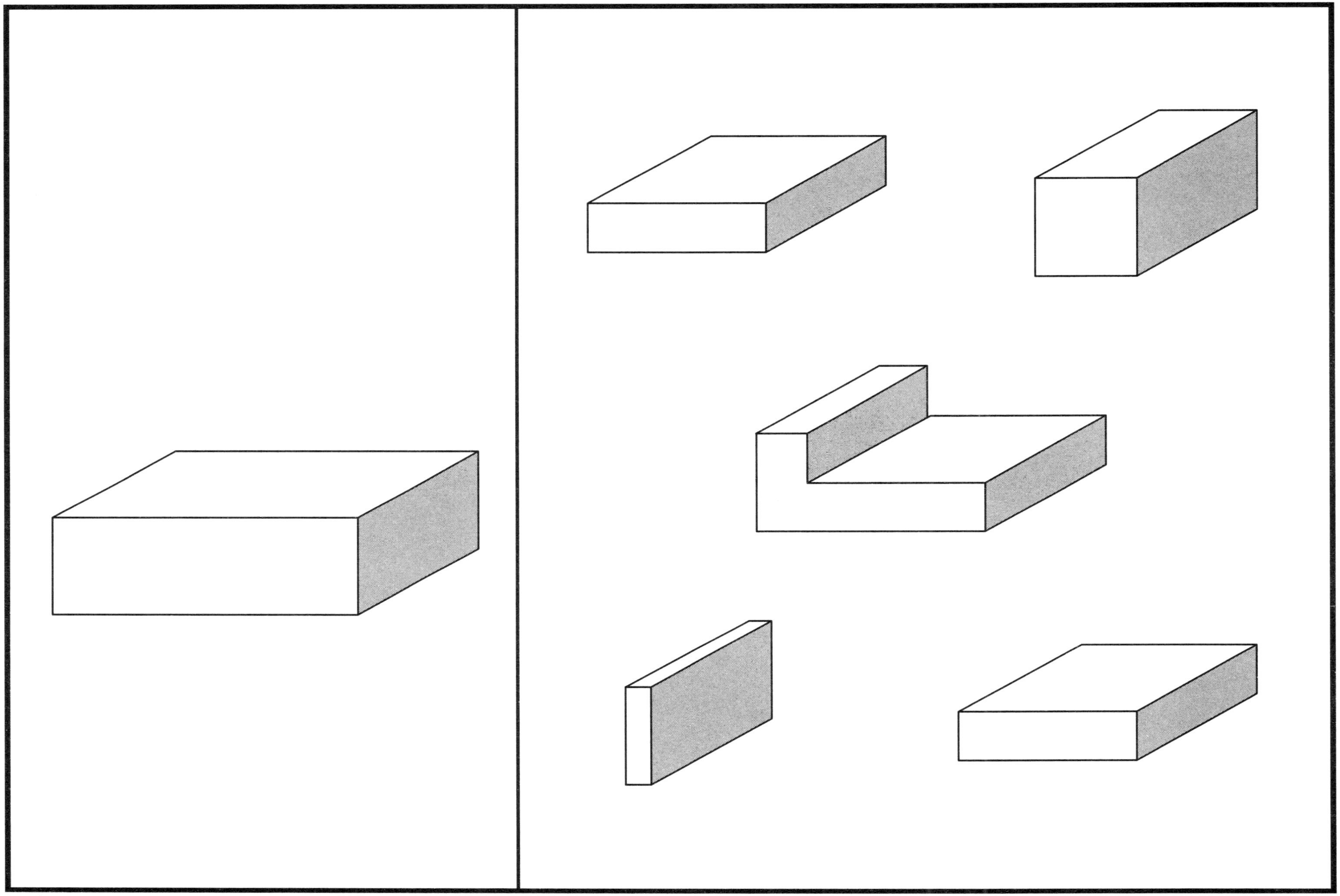

問題２７

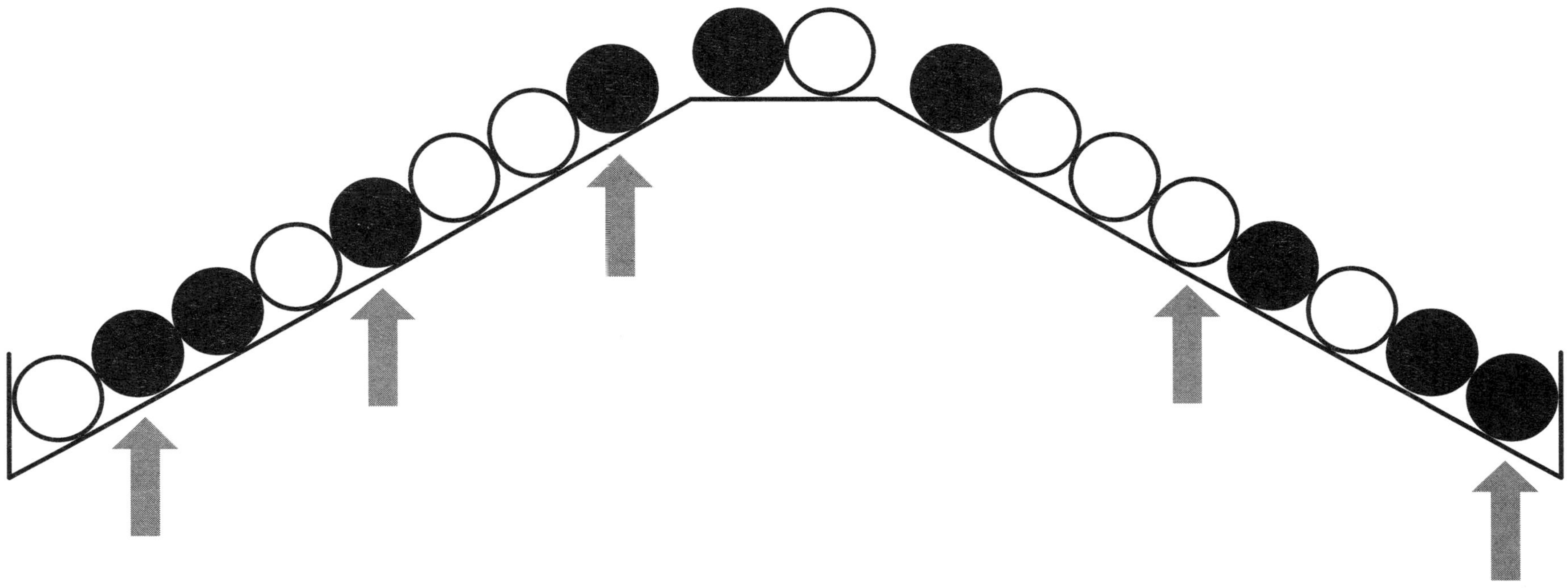

問題２８

問題29

日本学習図書株式会社

問題30－1

①

②

③

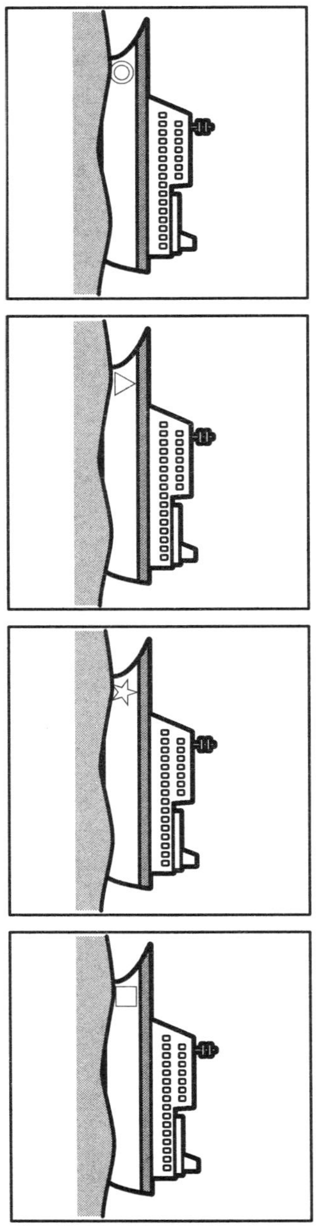

④

⑤

問題30－2

⑥

⑦

⑧

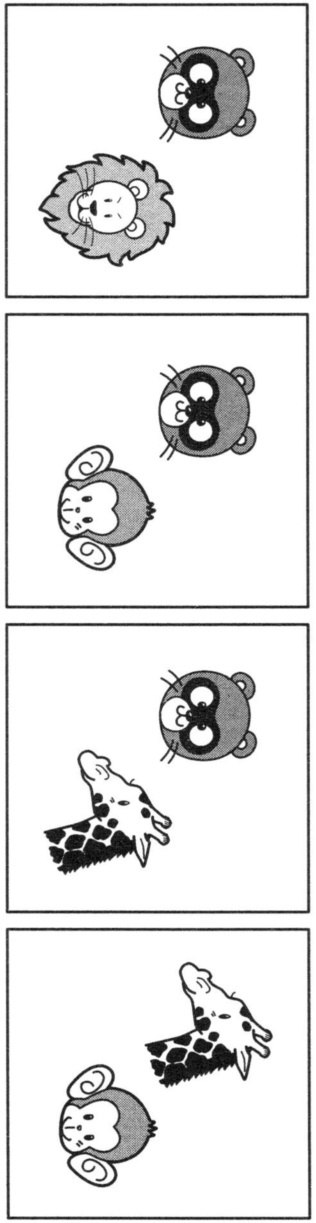

⑨

⑩

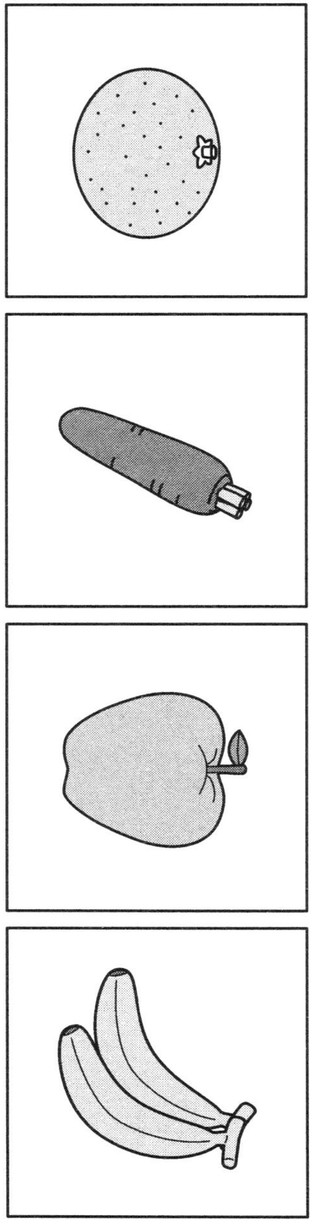

問題３１

①

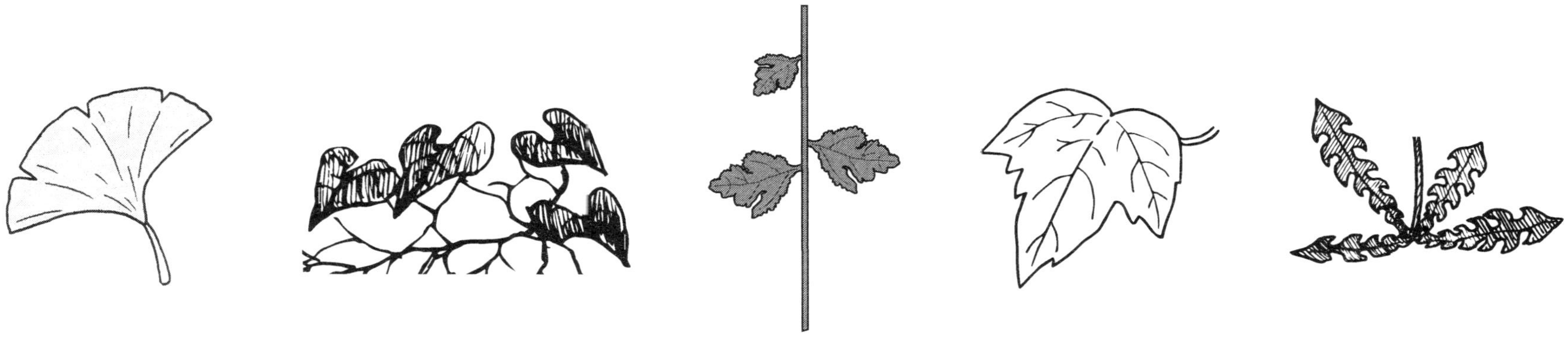

②

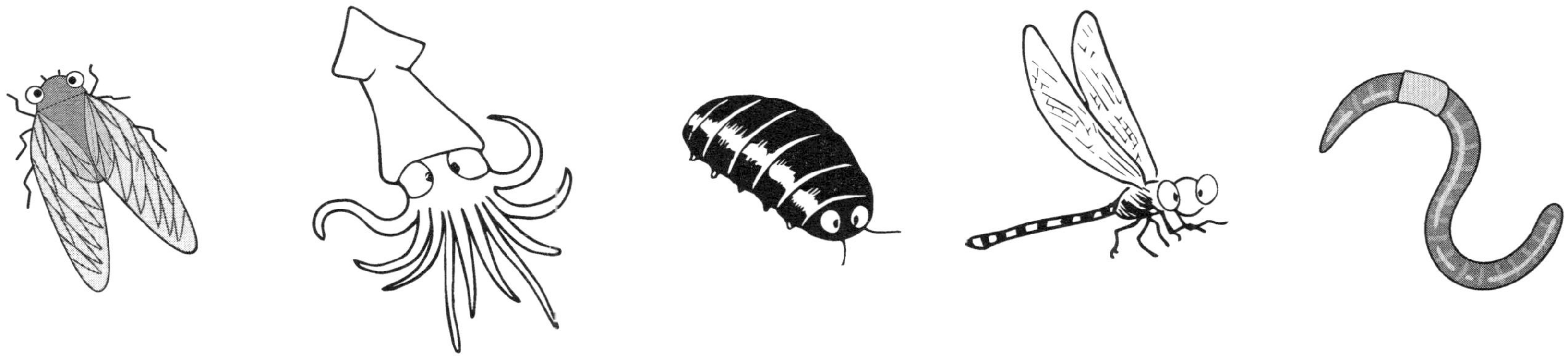

日本学習図書株式会社

仁川学院　合格問題集　無断複製／転載を禁ずる　日本学習図書株式会社

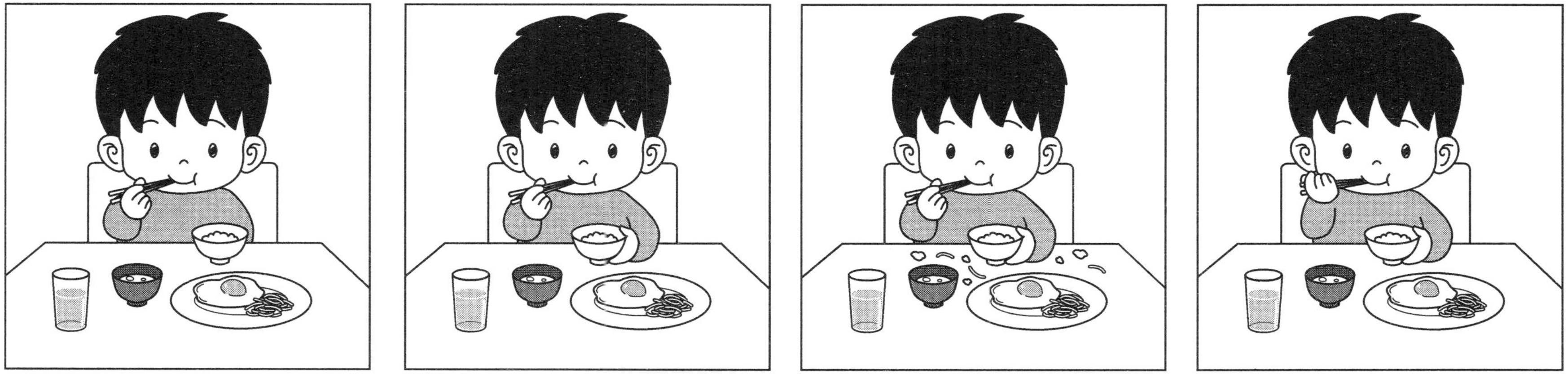

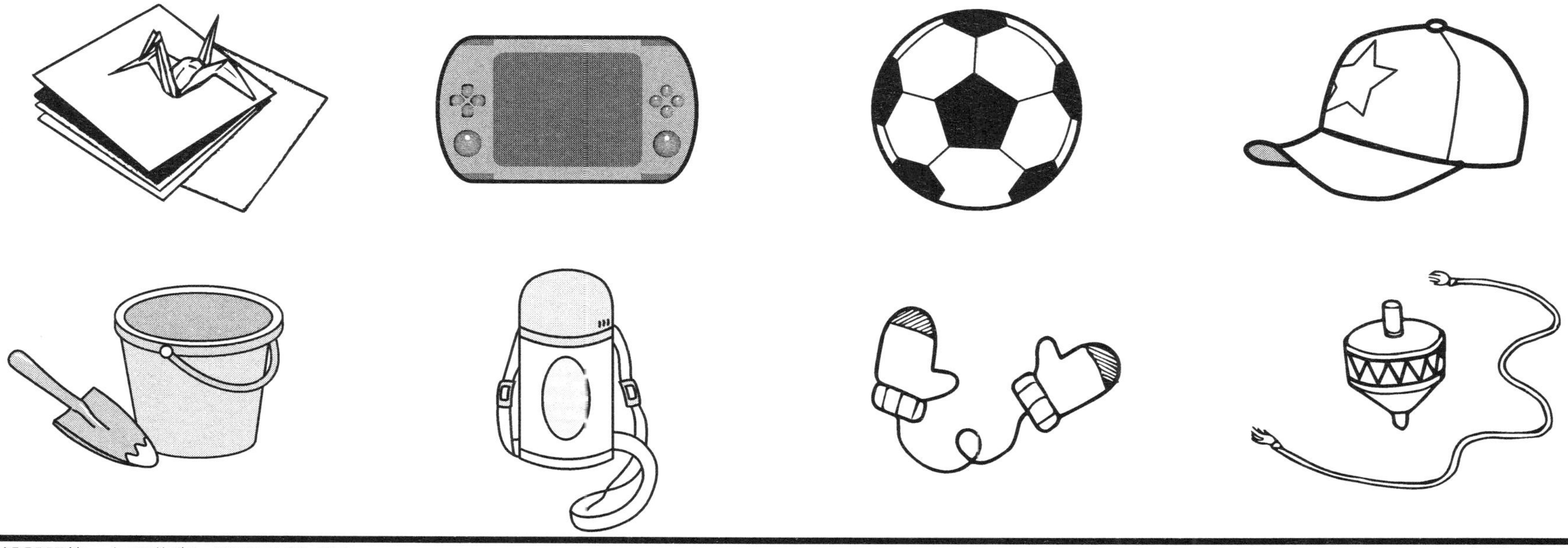

問題３３

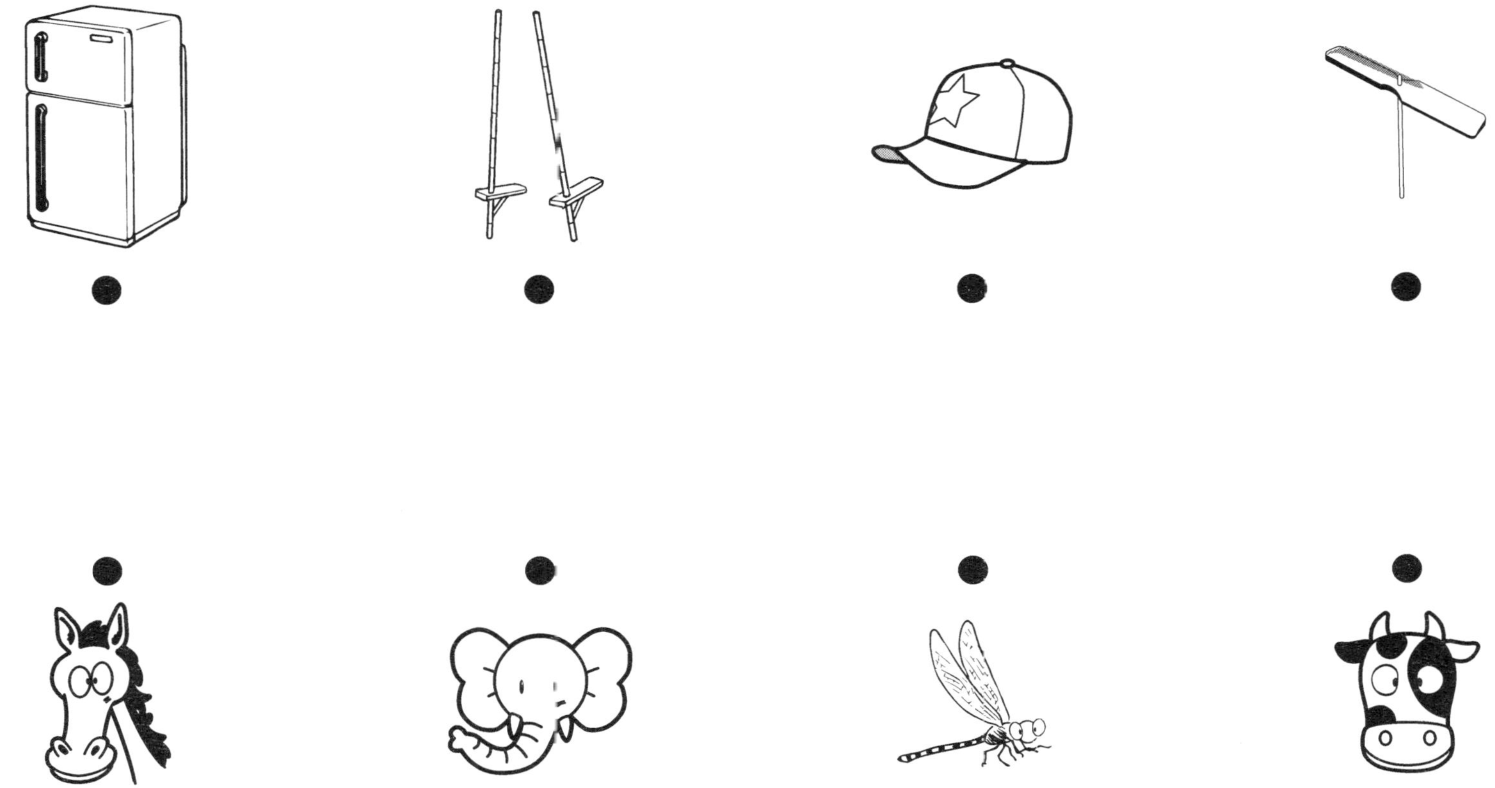

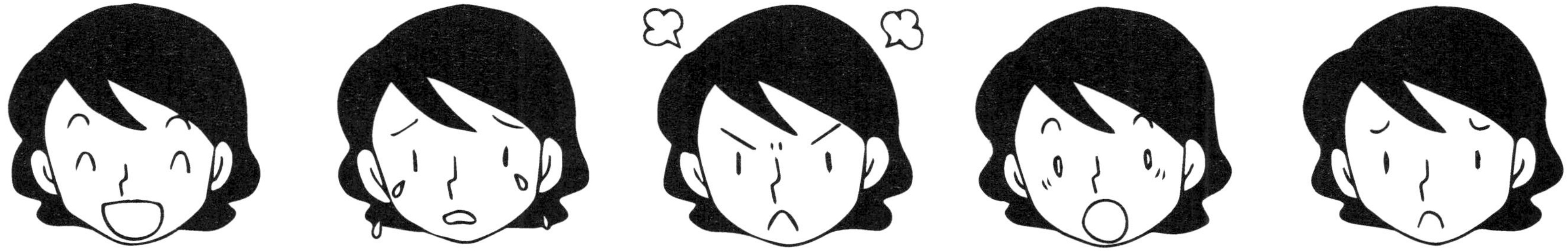

問題３４

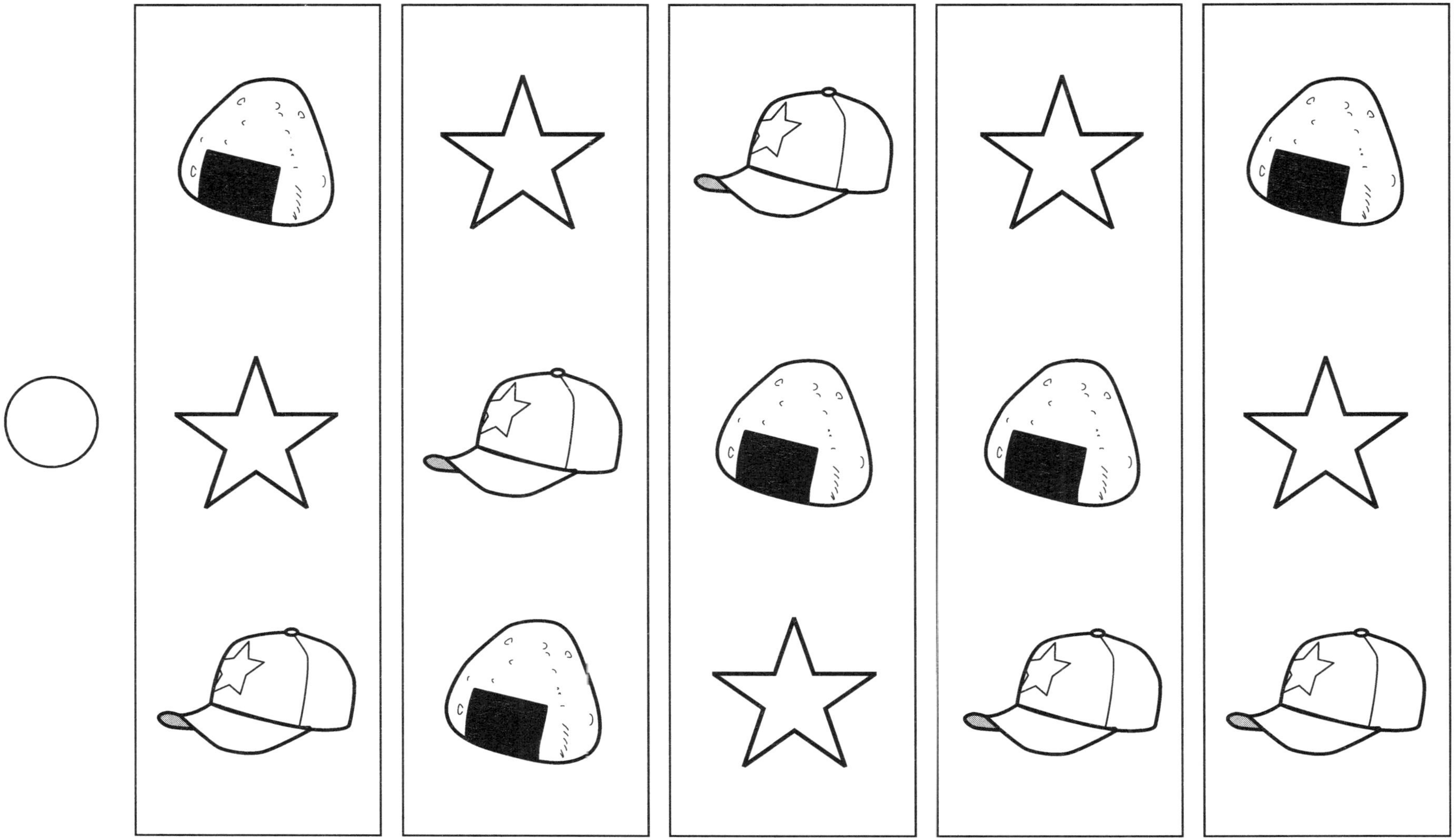

問題35

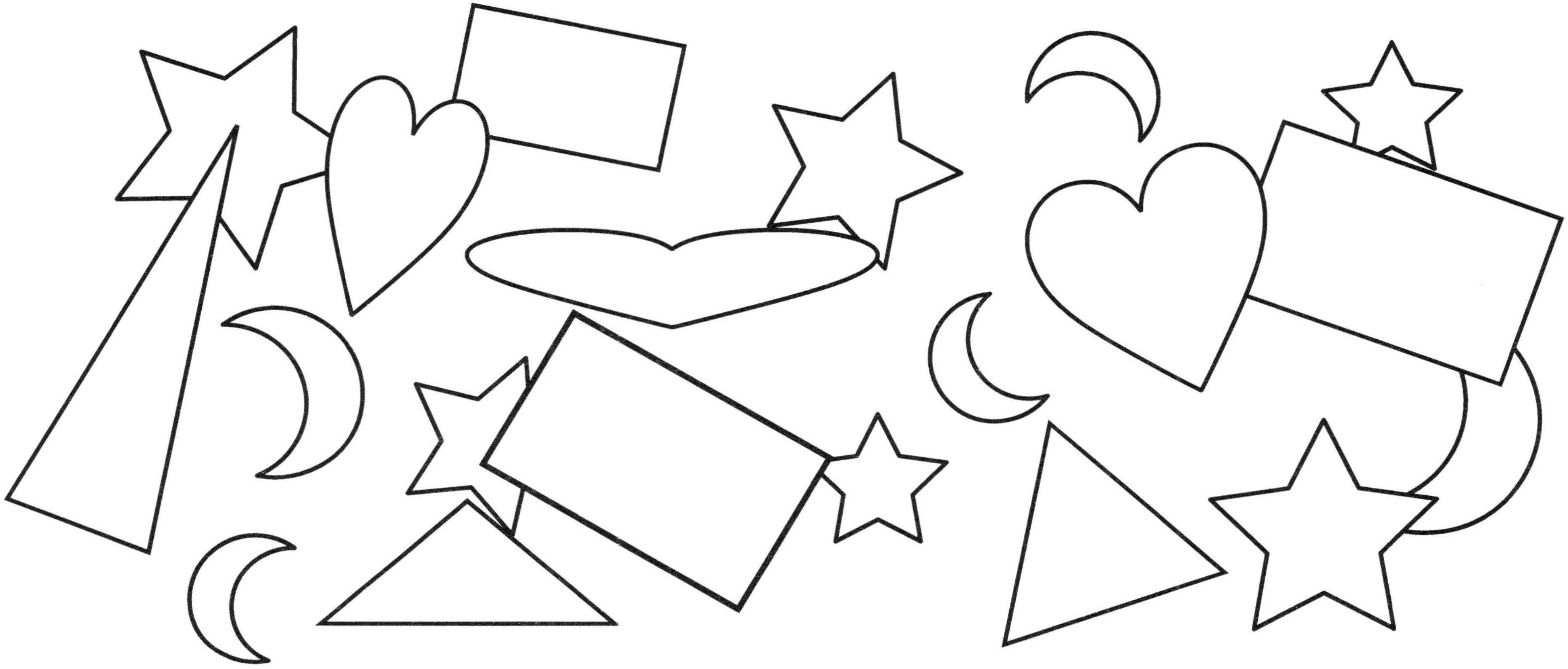

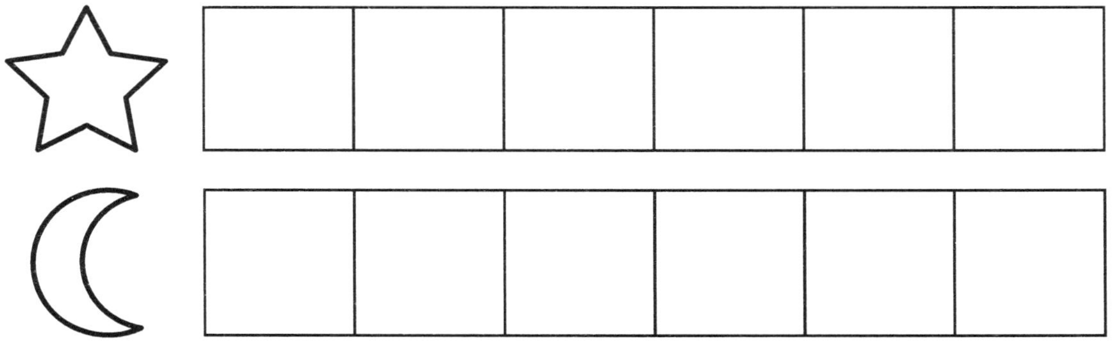

日本学習図書株式会社

仁川学院　合格問題集　無断複製／転載を禁ずる

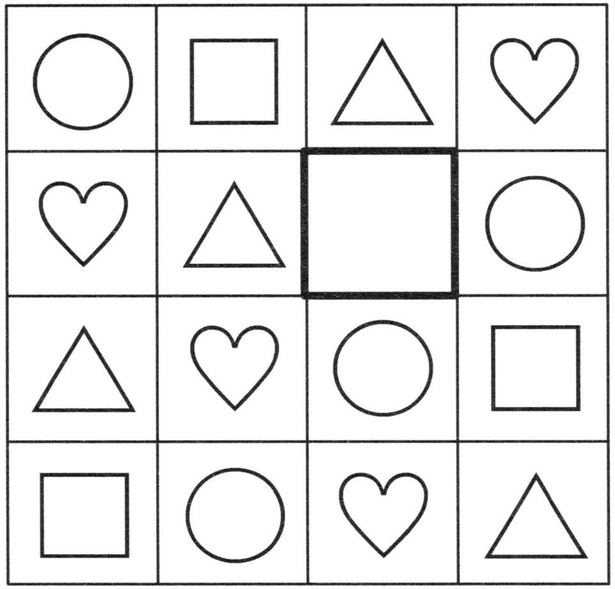

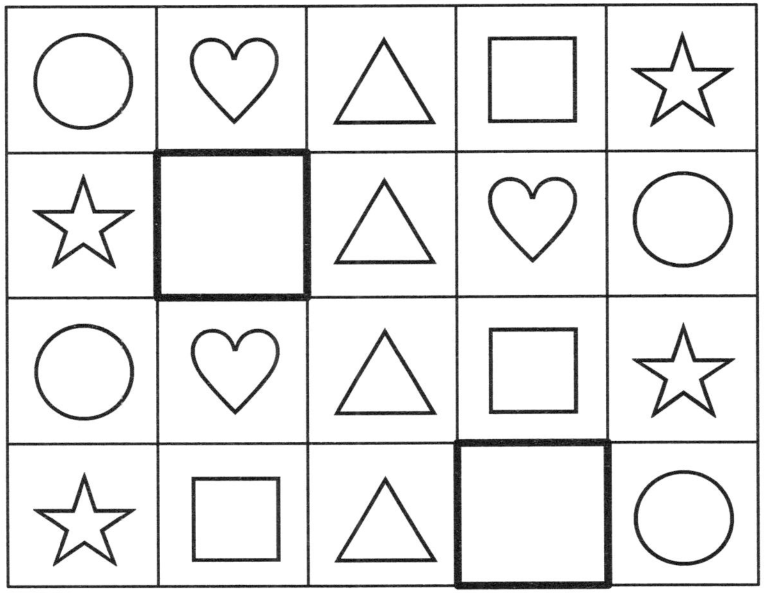

日本学習図書株式会社　仁川学院　合格問題集　無断複製／転載を禁ずる

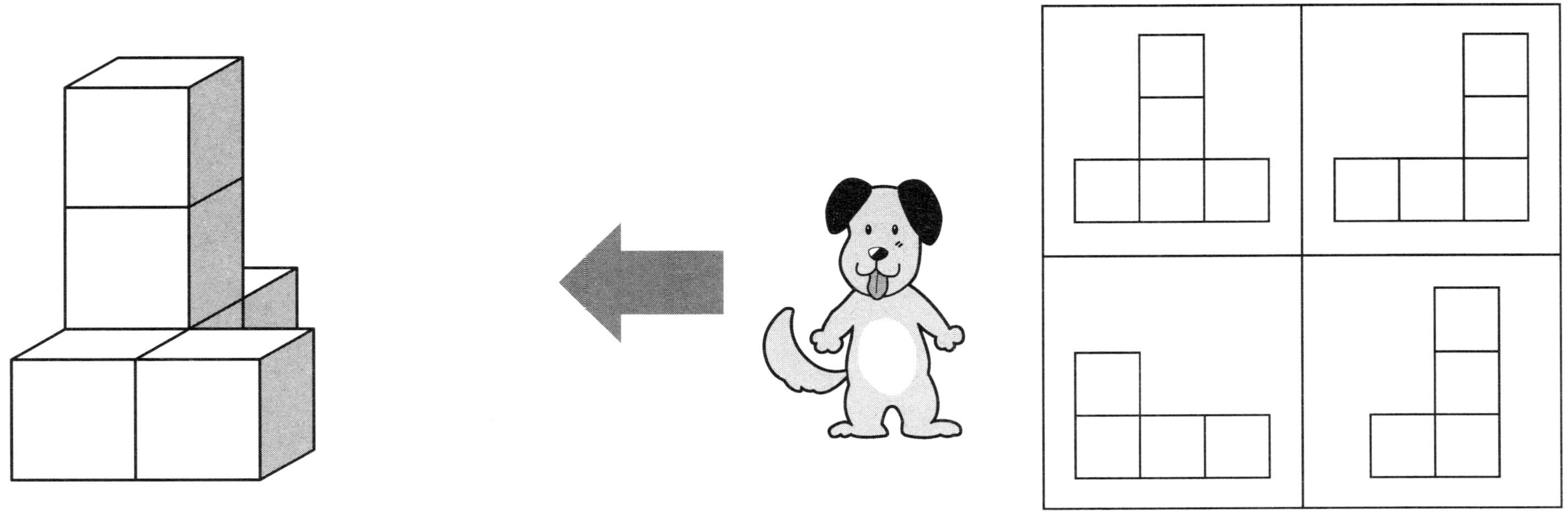

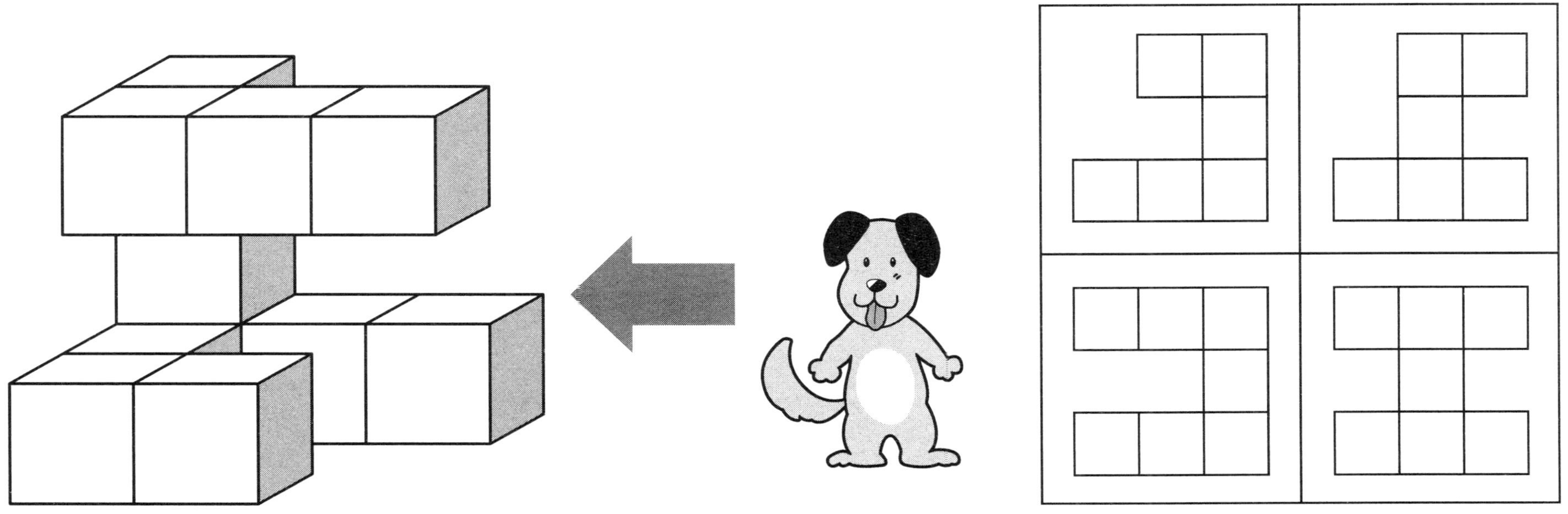

問題38

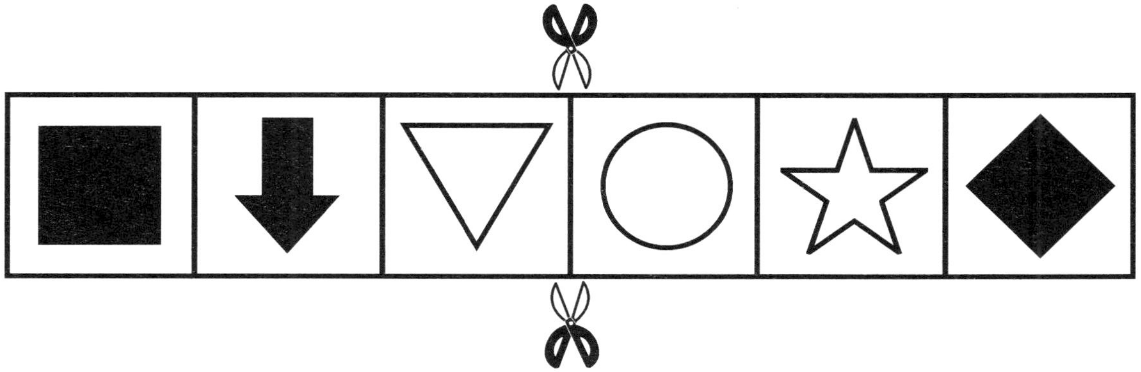

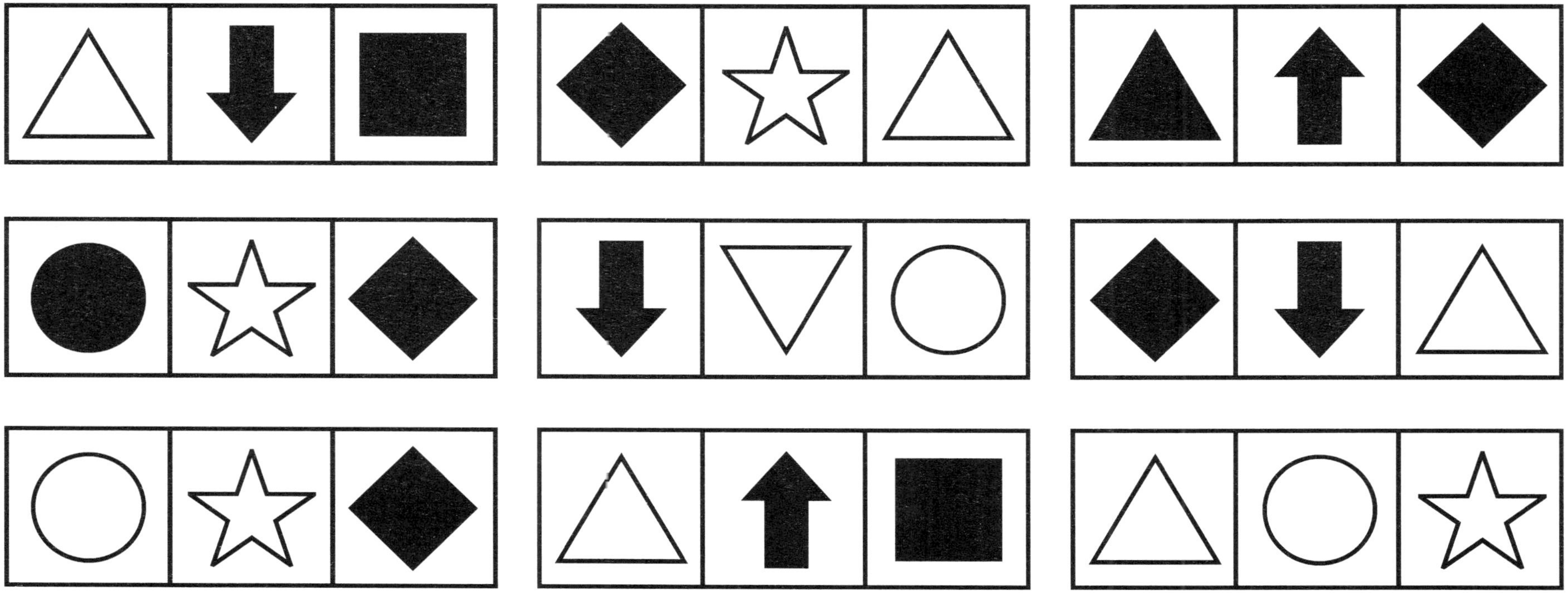

仁川学院 合格問題集　無断複製／転載を禁ずる　　日本学習図書株式会社

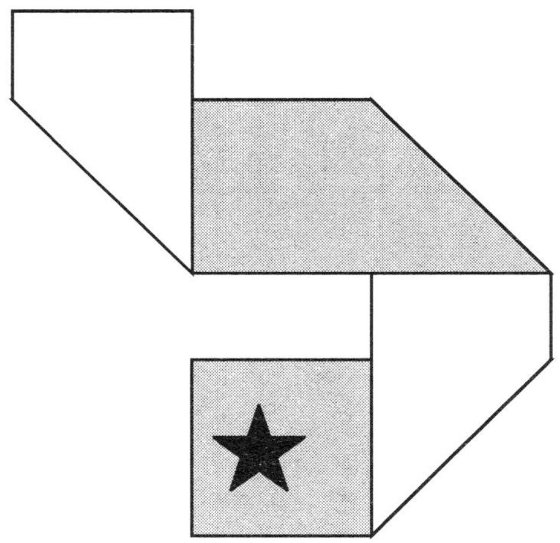

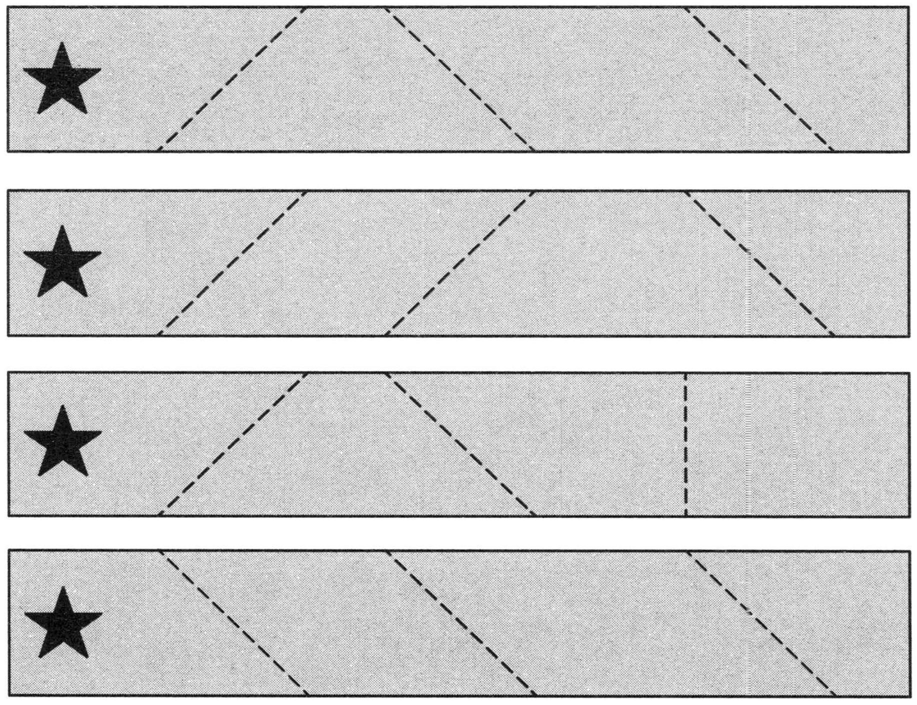

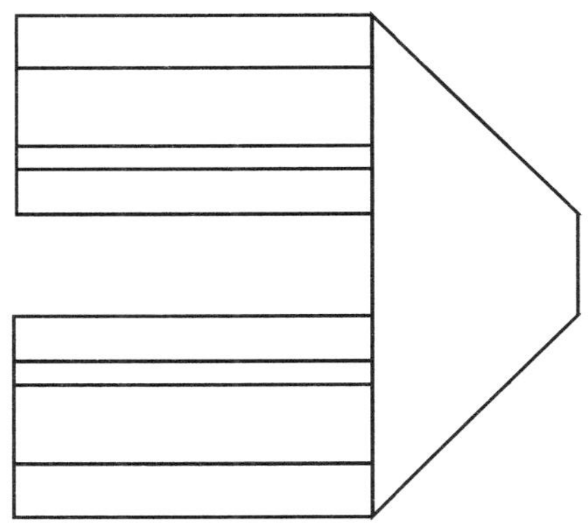

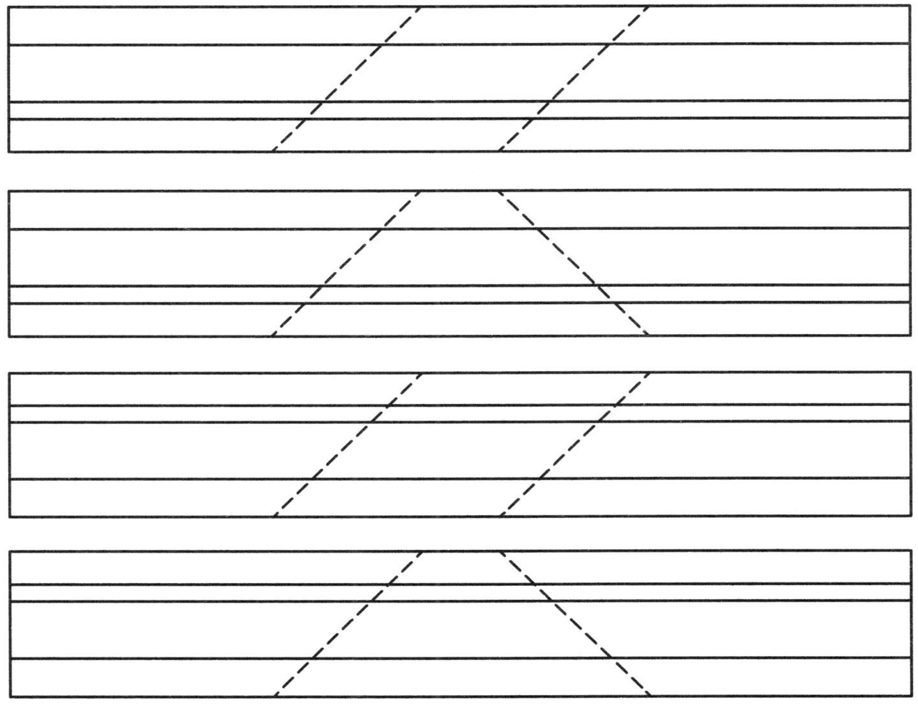

問題40

仁川学院　合格問題集　無断複製／転載を禁ずる　　日本学習図書株式会社

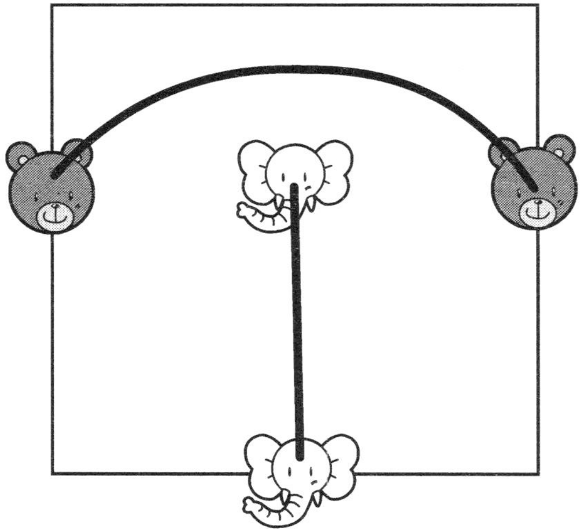

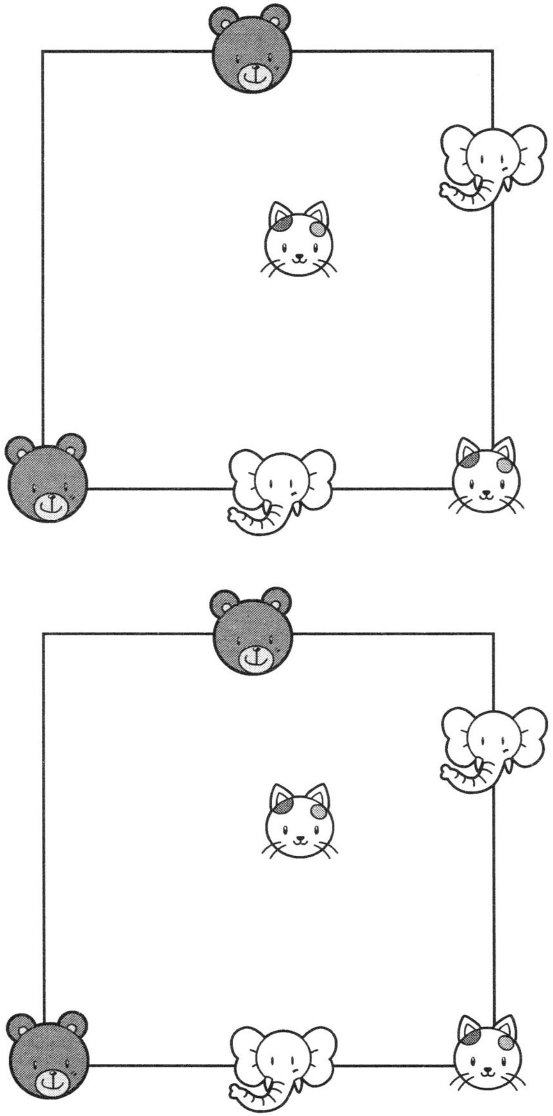

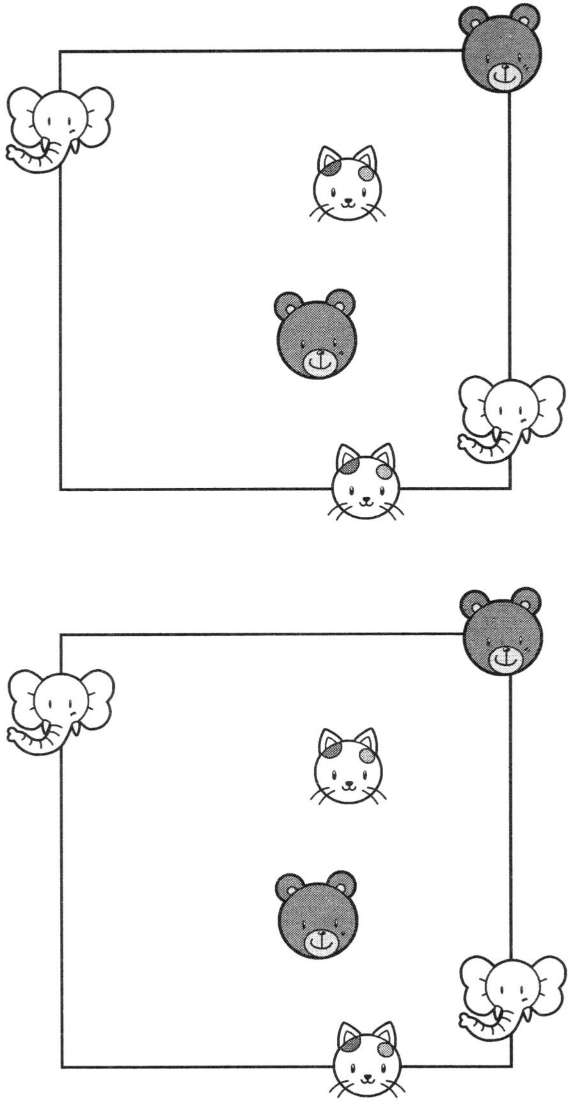

図書カード 1000 円分プレゼント

ご記入日 令和　　年　　月　　日

☆国・私立小学校受験アンケート☆

※可能な範囲でご記入下さい。選択肢は○で囲んで下さい。

〈小学校名〉＿＿＿＿＿＿＿＿＿＿＿＿　〈お子さまの性別〉男・女　〈誕生月〉＿＿月

〈その他の受験校〉(複数回答可)＿＿＿＿＿＿＿＿＿＿＿＿＿＿＿＿＿＿＿＿

〈受験日〉①：＿＿月＿＿日〈時間〉＿＿時＿＿分　～　＿＿時＿＿分

②：＿＿月＿＿日〈時間〉＿＿時＿＿分　～　＿＿時＿＿分

〈受験者数〉男女計＿＿名（男子＿＿名　女子＿＿名）

〈お子さまの服装〉＿＿＿＿＿＿＿＿＿＿＿＿＿＿＿＿

〈入試全体の流れ〉(記入例) 準備体操→行動観察→ペーパーテスト

＿＿＿＿＿＿＿＿＿＿＿＿＿＿＿＿＿＿＿＿＿＿＿＿

Eメールによる情報提供

日本学習図書では、Eメールでも入試情報を募集しております。
下記のアドレスに、アンケートの内容をご入力の上、メールをお送り下さい。

ojuken@nichigaku.jp

●行動観察　(例) 好きなおもちゃで遊ぶ・グループで協力するゲームなど

〈実施日〉＿＿月＿＿日〈時間〉＿＿時＿＿分　～　＿＿時＿＿分〈着替え〉□有　□無

〈出題方法〉□肉声　□録音　□その他（　　　　　　）〈お手本〉□有　□無

〈試験形態〉□個別　□集団（　　　人程度）

〈会場図〉

〈内容〉

□自由遊び

＿＿＿＿＿＿＿＿＿＿＿＿＿＿＿＿＿＿＿＿

□グループ活動

＿＿＿＿＿＿＿＿＿＿＿＿＿＿＿＿＿＿＿＿

□その他

＿＿＿＿＿＿＿＿＿＿＿＿＿＿＿＿＿＿＿＿

●運動テスト（有・無）　(例) 跳び箱・チームでの競争など

〈実施日〉＿＿月＿＿日〈時間〉＿＿時＿＿分　～　＿＿時＿＿分〈着替え〉□有　□無

〈出題方法〉□肉声　□録音　□その他（　　　　　　）〈お手本〉□有　□無

〈試験形態〉□個別　□集団（　　　人程度）

〈会場図〉

〈内容〉

□サーキット運動

□走り　□跳び箱　□平均台　□ゴム跳び

□マット運動　□ボール運動　□なわ跳び

□クマ歩き

□グループ活動＿＿＿＿＿＿＿＿＿＿＿＿＿＿

□その他＿＿＿＿＿＿＿＿＿＿＿＿＿＿＿＿

●知能テスト・口頭試問

〈実施日〉 ＿＿月＿＿日 〈時間〉 ＿＿時＿＿分 ～ ＿＿時＿＿分 〈お手本〉□有 □無

〈出題方法〉 □肉声 □録音 □その他（　　　　　） 〈問題数〉 ＿＿枚 ＿＿問

分野	方法	内容	詳細・イラスト
(例) お話の記憶	☑筆記 □口頭	動物たちが待ち合わせをする話	(あらすじ) 動物たちが待ち合わせをした。最初にウサギさんが来た。次にイヌくんが、その次にネコさんが来た。最後にタヌキくんが来た。 (問題・イラスト) ３番目に来た動物は誰か 
お話の記憶	□筆記 □口頭		(あらすじ) (問題・イラスト)
図形	□筆記 □口頭		
言語	□筆記 □口頭		
常識	□筆記 □口頭		
数量	□筆記 □口頭		
推理	□筆記 □口頭		
その他	□筆記 □口頭		

●制作　(例) ぬり絵・お絵かき・工作遊びなど

〈実施日〉＿＿月＿＿日 **〈時間〉**＿＿時＿＿分　～　＿＿時＿＿分

〈出題方法〉 □肉声 □録音 □その他（　　　　　）**〈お手本〉** □有 □無

〈試験形態〉 □個別 □集団（　　　人程度）

材料・道具	制作内容
□ハサミ □のり（□つぼ □液体 □スティック） □セロハンテープ □鉛筆 □クレヨン（　色） □クーピーペン（　色） □サインペン（　色）□ □画用紙（□ A4 □ B4 □ A3 　□その他：　　　　） □折り紙 □新聞紙 □粘土 □その他（　　　　）	□切る □貼る □塗る □ちぎる □結ぶ □描く □その他（　　　　） タイトル：＿＿＿＿＿＿＿＿＿＿

●面接

〈実施日〉＿＿月＿＿日 **〈時間〉**＿＿時＿＿分　～　＿＿時＿＿分 **〈面接担当者〉**＿＿名

〈試験形態〉 □志願者のみ（　　）名 □保護者のみ □親子同時 □親子別々

〈質問内容〉

※試験会場の様子をご記入下さい。

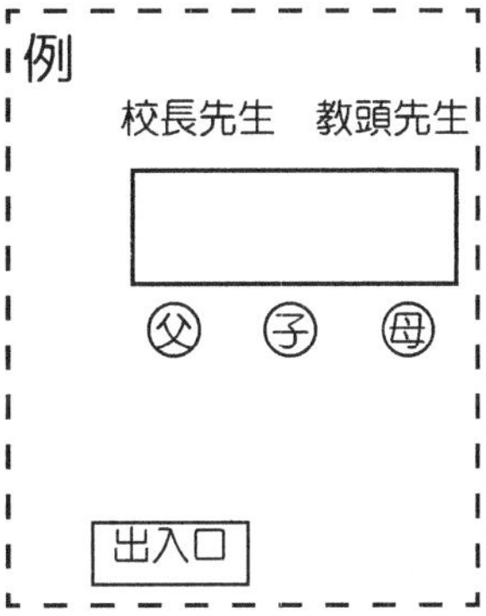

□志望動機　□お子さまの様子

□家庭の教育方針

□志望校についての知識・理解

□その他（　　　　　　　　）

（　詳　細　）

・

・

・

・

●保護者作文・アンケートの提出（有・無）

〈提出日〉 □面接直前 □出願時 □志願者考査中 □その他（　　　　　　）

〈下書き〉 □有 □無

〈アンケート内容〉

（記入例）当校を志望した理由はなんですか（150 字）

●説明会（□有　□無） 〈開催日〉＿＿月＿＿日〈時間〉＿＿時＿＿分＿＿～＿＿時＿＿分

〈上履き〉 □要　□不要 〈願書配布〉 □有　□無 〈校舎見学〉 □有　□無

〈ご感想〉

●参加された学校行事 (複数回答可)

公開授業〈開催日〉＿＿月＿＿日〈時間〉＿＿時＿＿分＿＿～＿＿時＿＿分

運動会など〈開催日〉＿＿月＿＿日〈時間〉＿＿時＿＿分＿＿～＿＿時＿＿分

学習発表会・音楽会など〈開催日〉＿＿月＿＿日〈時間〉＿＿時＿＿分＿＿～＿＿時＿＿分

〈ご感想〉

※是非参加したほうがよいと感じた行事について

●受験を終えてのご感想、今後受験される方へのアドバイス

※対策学習（重点的に学習しておいた方がよい分野)、当日準備しておいたほうがよい物など

＊＊＊＊＊＊＊＊＊＊＊＊　ご記入ありがとうございました　＊＊＊＊＊＊＊＊＊＊＊＊

必要事項をご記入の上、ポストにご投函ください。

なお、本アンケートの送付期限は入試終了後３ヶ月とさせていただきます。また、入試に関する情報の記入量が当社の基準に満たない場合、謝礼の送付ができないことがございます。あらかじめご了承ください。

ご住所：〒＿＿＿＿＿＿＿＿＿＿＿＿＿＿＿＿＿＿＿＿

お名前：＿＿＿＿＿＿＿＿＿＿＿　メール：＿＿＿＿＿＿＿＿＿＿＿

ＴＥＬ：＿＿＿＿＿＿＿＿＿＿＿　ＦＡＸ：＿＿＿＿＿＿＿＿＿＿＿

分野別 小学入試練習帳 ジュニアウォッチャー

1．点・線図形	小学校入試で出題頻度の高い『点・線図形』の模写を、難易度の低いものから段階別に幅広く練習することができるように構成。
2．座標	図形の位置模写という作業を、難易度の低いものから段階別に練習できるように構成。
3．パズル	様々なパズルの問題を難易度の低いものから段階別に練習できるように構成。
4．同図形探し	小学校入試で出題頻度の高い、同図形選びの問題を繰り返し練習できるように構成。
5．回転・展開	図形などを回転、または展開したとき、形がどのように変化するかを学習し、理解を深められるように構成。
6．系列	数、図形などの様々な系列問題を、難易度の低いものから段階別に練習できるように構成。
7．迷路	迷路の問題を繰り返し練習できるように構成。
8．対称	対称に関する問題を４つのテーマに分類し、各テーマごとに問題を段階別に練習できるように構成。
9．合成	図形の合成に関する問題を、難易度の低いものから段階別に練習できるように構成。
10．四方からの観察	もの（立体）を様々な角度から見て、どのように見えるかを推理する問題を段階別に整理し、１つの形式で複数の問題を練習できるように構成。
11．いろいろな仲間	ものや動物、植物の共通点を見つけ、分類していく問題を中心に構成。
12．日常生活	日常生活における様々な問題を６つのテーマに分類し、各テーマごとに一つの問題形式で複数の問題を練習できるように構成。
13．時間の流れ	『時間』に着目し、様々なものごとは、時間が経過するとどのように変化するのかということを学習し、理解できるように構成。
14．数える	様々なものを『数える』ことから、数の多少の判定やかけ算、わり算の基礎までを練習できるように構成。
15．比較	比較に関する問題を５つのテーマ（数、高さ、長さ、量、重さ）に分類し、各テーマごとに問題を段階別に練習できるように構成。
16．積み木	数える対象を積み木に限定した問題集。
17．言葉の音遊び	言葉の音に関する問題を５つのテーマに分類し、各テーマごとに問題を段階別に練習できるように構成。
18．いろいろな言葉	表現力をより豊かにするいろいろな言葉として、擬態語や擬声語、同音異義語、反意語、数詞を取り上げた問題集。
19．お話の記憶	お話を聴いてその内容を記憶、理解し、設問に答える形式の問題集。
20．見る記憶・聴く記憶	「見て憶える」「聴いて憶える」という『記憶』分野に特化した問題集。
21．お話作り	いくつかの絵を元にしてお話を作る練習をして、想像力を養うことができるように構成。
22．想像画	描かれてある形や景色に好きな絵を描くことにより、想像力を養うことができるように構成。
23．切る・貼る・塗る	小学校入試で出題頻度の高い、はさみやのりなどを用いた巧緻性の問題を繰り返し練習できるように構成。
24・絵画	小学校入試で出題頻度の高い、お絵かきやぬり絵などクレヨンやクーピーペンを用いた巧緻性の問題を繰り返し練習できるように構成。
25．生活巧緻性	小学校入試で出題頻度の高い日常生活の様々な場面における巧緻性の問題集。
26．文字・数字	ひらがなの清音、濁音、拗音、拗長音、促音と１～20までの数字に焦点を絞り、練習できるように構成。
27．理科	小学校入試で出題頻度が高くなりつつある理科の問題を集めた問題集。
28．運動	出題頻度の高い運動問題を種目別に分けて構成。
29．行動観察	項目ごとに問題提起をし、「このような時はどうか、あるいはどう対処するのか」の観点から問いかける形式の問題集。
30．生活習慣	学校から家庭に提起された問題と思って、一問一問絵を見ながら話し合い、考える形式の問題集。

31．推理思考	数、量、言語、常識（含理科、一般）など、諸々のジャンルから問題を構成し、近年の小学校入試問題傾向に沿って構成。
32．ブラックボックス	箱や筒の中を通ると、どのようなお約束でどのように変化するかを推理・思考する問題集。
33．シーソー	重さの違うものをシーソーに乗せた時どちらに傾くのか、またどうすればシーソーは釣り合うのかを思考する基礎的な問題集。
34．季節	様々な行事や植物などを季節別に分類できるように知識をつける問題集。
35．重ね図形	小学校入試で頻繁に出題されている「図形を重ね合わせてできる形」についての問題を集めました。
36．同数発見	様々な物を数え「同じ数」を発見し、数の多少の判断や数の認識の基礎を学べるように構成した問題集。
37．選んで数える	数の学習の基本となる、いろいろなものの数を正しく数える学習を行う問題集。
38．たし算・ひき算１	数字を使わず、たし算とひき算の基礎を身につけるための問題集。
39．たし算・ひき算２	数字を使わず、たし算とひき算の基礎を身につけるための問題集。
40．数を分ける	数を等しく分ける問題です。等しく分けたときに余りが出るものもあります。
41．数の構成	ある数がどのような数で構成されているか学んでいきます。
42．一対多の対応	一対一の対応から、一対多の対応まで、かけ算の考え方の基礎学習を行います。
43．数のやりとり	あげたり、もらったり、数の変化をしっかりと学びます。
44．見えない数	指定された条件から数を導き出します。
45．図形分割	図形の分割に関する問題集。パズルや合成の分野にも通じる様々な問題を集めました。
46．回転図形	「回転図形」に関する問題集。やさしい問題から始め、いくつかの代表的なパターンから、段階を踏んで学習できるよう編集されています。
47．座標の移動	「マス目の指示通りに移動する問題」と「指示された数だけ移動する問題」を収録。
48．鏡図形	鏡で左右反転させた時の見え方を考えます。平面図形から立体図形、文字、絵まで。
49．しりとり	すべての学習の基礎となる「言葉」を学ぶこと、特に「語彙」を増やすことに重点をおき、さまざまなタイプの「しりとり」問題を集めました。
50．観覧車	観覧車やメリーゴーラウンドなどを舞台にした「回転系列」の問題集。「推理思考」分野の問題ですが、要素として「図形」や「数量」も含みます。
51．運筆①	鉛筆の持ち方を学び、点線なぞり、お手本を見ながらの模写で、線を引く練習をします。
52．運筆②	運筆①からさらに発展し、「欠所補完」や「迷路」などを楽しみながら、より複雑な鉛筆運びを習得することを目指します。
53．四方からの観察 積み木編	積み木を使用した「四方からの観察」に関する問題を練習できるように構成。
54．図形の構成	見本の図形がどのような部分によって形づくられているかを考えます。
55．理科②	理科的知識に関する問題を集中して練習する「常識」分野の問題集。
56．マナーとルール	道路や駅、公共の場でのマナー、安全や衛生に関する常識を学べるように構成。
57．置き換え	さまざまな具体的・抽象的事象を記号で表す「置き換え」の問題を扱います。
58．比較②	長さ・高さ・体積・数などを数学的な知識を使わず、論理的に推測する「比較」の問題を練習できるように構成。
59．欠所補完	線と線のつながり、欠けた絵に当てはまるものなどを求める「欠所補完」に取り組める問題集です。
60．言葉の音（おん）	しりとり、決まった順番の音をつなげるなど、「言葉の音」に関する問題に取り組める練習問題集です。

『読み聞かせ』×『質問』＝『聞く力』

お話の記憶の練習に最適

1話5分の 読み聞かせお話集①②

「アラビアン・ナイト」「アンデルセン童話」「イソップ寓話」「グリム童話」、日本や各国の民話、昔話、偉人伝の中から、教育的な物語や、過去に小学校入試でも出題された有名なお話を中心に掲載。お話ごとに、内容に関連したお子さまへの質問も掲載しています。「読み聞かせ」を通して、お子さまの『聞く力』を伸ばすことを目指します。

①巻・②巻　各48話

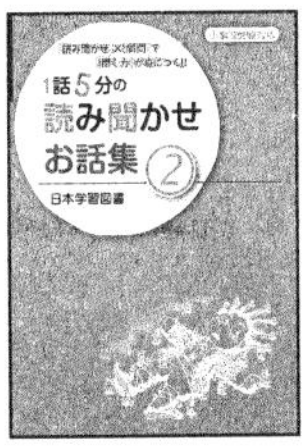

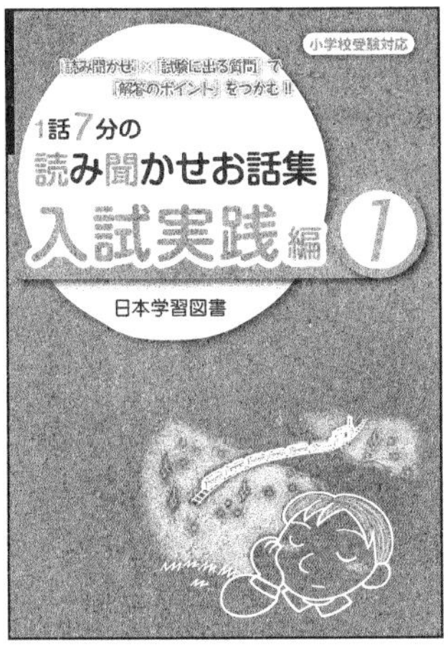

1話7分の読み聞かせお話集 入試実践編①

国立・私立小学校受験対応

最長1,700文字の長文のお話を掲載。有名でない＝「聞いたことのない」お話を聞くことで、『集中力』のアップを目指します。設問も、実際の試験を意識した設問としています。ペーパーテスト実施校の多くが「お話の記憶」の問題を出題します。毎日の「読み聞かせ」と「試験に出る質問」で、「解答のポイント」をつかんで臨みましょう！

50話収録

ニチガクの この5冊で受験準備も万全！

小学校受験入門 願書の書き方から面接まで リニューアル版

主要私立・国立小学校の願書・面接内容を中心に、学校選びや入試の分野傾向、服装コーディネート、持ち物リストなども網羅し、受験準備全体をサポートします。

小学校受験で 知っておくべき 125のこと

小学校受験の基本から怪しい「ウワサ」まで、保護者の方々からの 125 の質問にていねいに解答。目からウロコのお受験本。

新　小学校受験の 入試面接Q＆A リニューアル版

過去十数年に遡り、面接での質問内容を網羅。小学校別、父親・母親・志願者別、さらに学校のこと・志望動機・お子さまについてなど分野ごとに模範解答例やアドバイスを掲載。

新　願書・アンケート 文例集 500 リニューアル版

有名私立小、難関国立小の願書やアンケートに記入するための適切な文例を、質問の項目別に収録。合格を掴むためのヒントが満載！願書を書く前に、ぜひ一度お読みください。

小学校受験に関する 保護者の悩みQ＆A

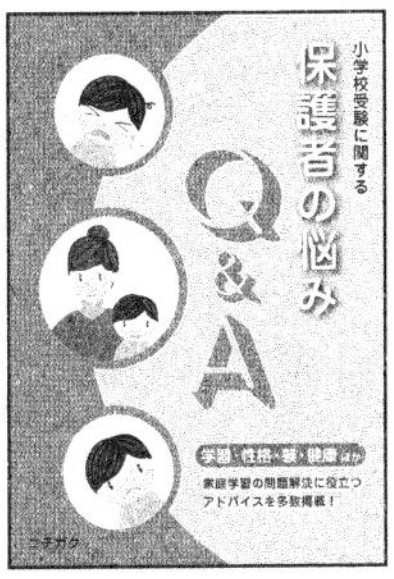

保護者の方約 1,000 人に、学習・生活・躾に関する悩みや問題を取材。その中から厳選した 200 例以上の悩みに、「ふだんの生活」と「入試直前」のアドバイス２本立てで悩みを解決。

家庭学習をトータルサポート！ ニチガクのオリジナル 効果的 学習法

1 まずは アドバイスページを読む！

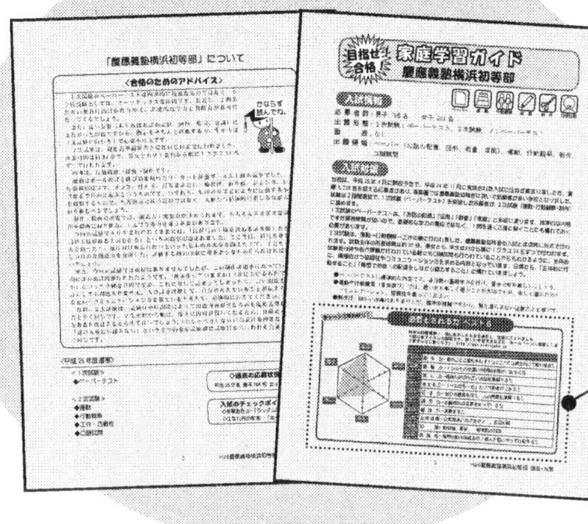

ピンク色です

対策や試験ポイントがぎっしりつまった「家庭学習ガイド」。分析内容やレーダーチャート、分野アイコンで、試験の傾向をおさえよう！

2 問題をすべて読み、出題傾向を把握する

3 「学習のポイント」で学校側の観点や問題の解説を熟読

4 はじめて過去問題にチャレンジ！

5 プラスα 対策問題集や類題で力を付ける

過去問のこだわり

各問題に求められる「力」

分野だけでなく、各問題の求められる「力」をアイコンで表記！アドバイスページの分析レーダーチャートで力のバランスも把握できる！

各問題のジャンル

問題1 分野：数量（計数）　集中　観察

〈準備〉　クレヨン

〈問題〉　①虫がたくさんいます。それぞれの虫は何匹いますか。下のそれぞれの絵の右側に、その数だけ緑色のクレヨンで○を書いてください。
②果物が並んでいます。それぞれの果物はいくつありますか。下のそれぞれの絵の右側に、その数だけ赤色のクレヨンで○を書いてください。

〈時間〉　1分

〈解答〉　①アメンボ…5、カブトムシ…8、カマキリ…11、コオロギ…9
②ブドウ…6、イチゴ…10、バナナ…8、リンゴ…5

出題年度

［2018年度出題］

学習のポイント

①は男子、②は女子で出題されました。1次試験のペーパーテストは、全体的にオーソドックスな内容で、特別に難易度が高い問題ではありません。しかし、解答時間が短く、解き終わらない受験者も多かったようです。本問のような計数問題では、特に根気よく、数え落としがないように進めなければなりません。そのためにも、例えば、左上の虫から右に見ていく、もしくは縦に見ていく、というように、ルールを決めて数えていくこと、また、○や×、△などの印を虫ごとに付けていくことで、数え落としのミスを減らせます。時間は短いため焦りがつきものですが、落ち着いて取り組めるよう、少しずつ練習していきましょう。

【おすすめ問題集】
Ｊｒ・ウォッチャー14「数える」、37「選んで数える」

学習のポイント

各問題の解説や学校の観点、指導のポイントなどを教えます。
保護者の方が今日から家庭学習の先生に！

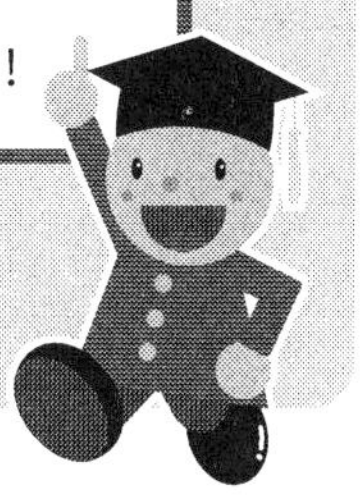

おすすめ対策問題集

分野ごとに対策問題集をご紹介。苦手分野の克服に最適です！
＊専用注文書付き。

仁川学院小学校　合格問題集

発行日　2020年6月29日
発行所　〒162-0821　東京都新宿区津久戸町 3-11-9F
日本学習図書株式会社
電　話　03-5261-8951 ㈹

詳細は http://www.nichigaku.jp　日本学習図書　検索